Descubriendo mi vocación en Cristo
Curso Básico de la Escuela de Liderazgo

Iglesia del Nazareno

Región Mesoamérica

Mónica Mastronardi de Fernández

Descubriendo mi vocación en Cristo

Libro de la serie "Escuela de Liderazgo"
Curso Básico

Autora: Dra. Mónica Mastronardi de Fernández

Con la colaboración de:
Cristóbal Correa Rondán
Juan Manuel Rodríguez Pineda
Julio César López Cancino
Karla Alejandra González Berumen
Nery Noemí Salvador Castañeda

Edición: Dra. Mónica E. Mastronardi de Fernández
Revisores: Dr. Rubén E. Fernández, Dra. Ruthie I. Córdova

Material producido por EDUCACIÓN Y DESARROLLO PASTORAL de la Iglesia del Nazareno, Región Mesoamérica - www.edunaz.org
Dirección postal: Apdo. 3977 – 1000 San José, Costa Rica, América Central.
Teléfono (506) 2285-0432 / 0423 - Email: EL@mesoamericaregion.org

Publica y distribuye Asociación Región Mesoamérica
Av. 12 de Octubre Plaza Victoria Locales 5 y 6
Pueblo Nuevo Hato Pintado, Ciudad de Panamá
Tel. (507) 203-3541
E-mail: literatura@mesoamericaregion.org

Copyright © 2017 - Derechos reservados
Queda prohibida la reproducción parcial o total, por cualquier medio, sin el permiso escrito de Educación y Desarrollo Pastoral de la Iglesia del Nazareno, Región Mesoamérica. www.mesoamericaregion.org

Todas las citas son tomadas de la Nueva Versión Internacional 1999 por la Sociedad Bíblica Internacional, a menos que se indique lo contrario.

Diseño de portada: Juan Manuel Fernández (www.juanfernandez.ga)
Imagen de portada por Thomas Life
Utilizada con permiso (Creative Commons).

Impresión digital

Índice de las lecciones

Lección 1	Descubriendo mis dones espirituales	9
Lección 2	Dones de pastorales y de liderazgo	17
Lección 3	Dones de enseñanza y predicación	25
Lección 4	Dones relativos al evangelismo y la consejería espiritual	33
Lección 5	Dones de compasión y servicio	41
Lección 6	Dones relativos a la misión transcultural	49
Lección 7	Dones de creatividad artística y comunicaciones	57
Lección 8	¿Cuál es mi función en el Cuerpo de Cristo?	65

Presentación

La serie de libros **Escuela de Liderazgo** ha sido diseñada con el propósito de proveer una herramienta a la iglesia para la formación, capacitación y entrenamiento de sus miembros a fin de integrarlos activamente al servicio cristiano conforme a los dones y el llamado (vocación) que han recibido de su Señor.

Cada uno de los libros provee el material de estudio para un curso del programa **Escuela de Liderazgo** que es ofrecido por las Instituciones Teológicas de la Región Mesoamérica de la Iglesia del Nazareno. Éstas son: IBN (Cobán, Guatemala); STN (Ciudad de Guatemala); SENAMEX (Ciudad de México) y SENDAS (San José, Costa Rica); SND (Santo Domingo, República Dominicana) y SETENAC (La Habana, Cuba). Un buen número de los y las líderes de estas instituciones (rectores, directores, vicerrectores y directores de estudios descentralizados) participaron activamente en el diseño del programa.

La **Escuela de Liderazgo** cuenta con cinco Cursos Básicos, comunes a todos los ministerios, y seis Cursos Especializados para cada ministerio, al final de los cuales la Institución Teológica respectiva le otorga al estudiante un certificado (o diploma) en Ministerio Especializado.

El objetivo general de la **Escuela de Liderazgo** es: "Colaborar con la iglesia local en el equipamiento de los "santos para la obra del ministerio" cimentando en ellos un conocimiento bíblico teológico sólido y desarrollándolos en el ejercicio de sus dones para el servicio en su congregación local y en la sociedad." Los objetivos específicos de este programa son tres:

- Desarrollar los dones del ministerio de la congregación local.
- Multiplicar ministerios de servicio en la iglesia y la comunidad.
- Despertar la vocación al ministerio profesional diversificado.

Agradecemos a la Dra. Mónica Mastronardi de Fernández por su dedicación como Editora General del proyecto, a los Coordinadores Regionales de Ministerios y al equipo de escritores y diseñadores que colaboraron en este proyecto. Agradecemos de igual manera a los profesores y profesoras que compartirán estos materiales. Ellos y ellas harán la diferencia en las vidas de miles de personas a lo largo y ancho de Mesoamérica.

Finalmente, no podemos dejar de agradecer al Dr. L. Carlos Sáenz, Director Regional MAR, por su respaldo permanente en esta tarea, fruto de su convicción de la necesidad prioritaria de una iglesia equipada de manera integral.

Oramos por la bendición de Dios para todos los discípulos y todas las discípulas cuyas vidas y servicio cristiano serán enriquecidos por estos libros.

Dr. Rubén E. Fernández
Coordinador de Educación y Desarrollo Pastoral
Región Mesoamérica

¿Qué es la Escuela de Liderazgo?

Escuela de Liderazgo es un programa de educación para laicos en las diferentes especialidades ministeriales para involucrarlos en la misión de la iglesia local. Este programa es administrado por las Instituciones Teológicas de la Iglesia del Nazareno en la Región Mesoamérica e impartido tanto en sus sedes como en las iglesias locales inscriptas.

¿Para quiénes es la Escuela de Liderazgo?

Para todos los miembros en plena comunión de las iglesias del nazareno quienes habiendo participado en los niveles B y C del programa de discipulado, desean de todo corazón descubrir sus dones y servir a Dios en su obra.

Plan ABCDE

Para contribuir a la formación integral de los miembros de sus iglesias, la Iglesia del Nazareno de la Región Mesoamérica ha adoptado el plan de discipulado ABCDE, y desde el año 2001 ha iniciado la publicación de materiales para cada uno de estos niveles. La Escuela de Liderazgo corresponde al Nivel D del plan de discipulado ABCDE y ha sido diseñada para aquellos que ya han pasado por los anteriores niveles de discipulado.

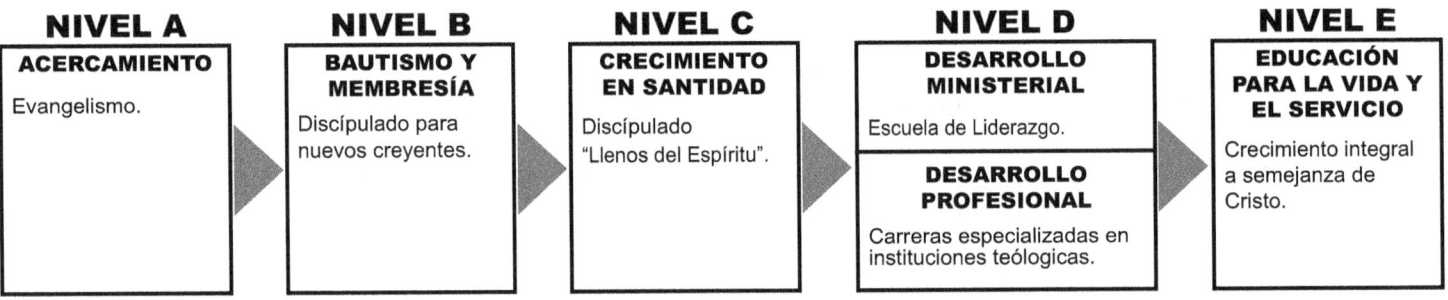

En la Iglesia del Nazareno creemos que hacer discípulos a imagen de Cristo en las naciones es el fundamento de la obra misional de la Iglesia y responsabilidad de su liderazgo (Efesios 4:7-16). La labor de discipulado es continua y dinámica, es decir el discípulo nunca deja de crecer a semejanza de su Señor. Este proceso de crecimiento, cuando es saludable, ocurre en todas dimensiones: en la dimensión individual (crecimiento espiritual), en la dimensión corporativa (incorporación a la congregación), en la dimensión santidad de vida (transformación progresiva de nuestro ser y hacer conforme al modelo de Jesucristo) y en la dimensión servicio (invertir la vida en el ministerio).

Dra. Mónica Mastronardi de Fernández
Editora General Libros de Escuela de Liderazgo

¿Cómo usar este libro?

Este libro que tiene en sus manos es para el curso introductorio: Descubriendo mi Vocación en Cristo, del programa Escuela de Liderazgo. El objetivo de este curso es ayudar a los miembros de las iglesias del Nazareno a descubrir sus dones y su llamado ministerial, y al mismo tiempo animarlos a matricularse en la Escuela de Liderazgo a fin de capacitarse para servir al Señor en su iglesia local.

¿Cómo están organizados los contenidos de este libro?

Cada una de las ocho lecciones de este libro contiene lo siguiente:

> **Objetivos:** estos son los objetivos de aprendizaje que se espera que el alumno alcance al terminar el estudio de la lección.

> **Ideas Principales:** Es un resumen de las enseñanzas claves de la lección.

> **Desarrollo de la lección:** Esta es la sección más extensa pues es el desarrollo de los contenidos de la lección. Estas lecciones se han escrito pensando en que el libro es el maestro, por lo que su contenido se expresa en forma dinámica, en lenguaje sencillo y conectado con las ideas del mundo contemporáneo.

> **Notas y comentarios:** Los cuadros al margen tienen el propósito de aclarar términos y proveer notas que complementan o amplían el contenido de la lección.

> **Preguntas:** En ocasiones se incluyen preguntas al margen que el profesor puede usar para introducir, aplicar o reforzar un tema de la lección.

> **¿Qué aprendimos?:** En un recuadro que aparece al final del desarrollo de la lección se provee un resumen breve de lo aprendido en la misma.

> **Actividades:** Esta es una página al final de cada lección que contiene actividades de aprendizaje individuales o grupales relativas al tema estudiado. El tiempo estimado para su realización en clase es de 20 minutos.

> **Evaluación final del curso:** Esta es una hoja inserta en la última página del libro y que una vez completada el alumno debe separar del libro y entregar a profesor del curso. La duración estimada para esta actividad de reforzamiento final es de 15 minutos.

¿Cuánto dura el curso?

Este libro ha sido diseñado para que el curso pueda enseñarse en diferentes modalidades:

<u>Como curso de 8 sesiones:</u>

En total se requieren 12 horas de clase presencial repartidas en 8 sesiones de 90 minutos. Los días y horarios serán coordinados por cada Institución Teológica y cada iglesia o centro local de estudios. Dentro de esta hora y media el profesor o la profesora debe incluir el tiempo para las actividades contenidas en el libro.

<u>Como taller de 3 sesiones:</u>

- Sesión plenaria de 90 minutos (lección 1).
- Seis talleres de 90 minutos cada uno. Los participantes asisten a uno de estos talleres conforme a sus dones más fuertes (lecciones 2 a 7).

- Última plenaria de 90 minutos (lección 8).

Ejemplo de cómo distribuir el tiempo para taller de un sábado:

Taller: Descubra su vocación en Cristo

8:00 am	Inscripción
8:30 a 10:00 am	Plenaria: Descubre tus dones espirituales
10:00 a 10:30 am	Receso
10:30 a 12:00 am	Talleres sobre Especialidades Ministeriales
12:00 a 1:00 pm	Almuerzo
1:00 a 2:30 pm	Plenaria ¿Cuál es mi función en el Cuerpo de Cristo?
2:30 a 3:00 pm	Receso
3:00 a 4:00 pm	Presentación de Escuela de Liderazgo y Prematrícula para Cursos Básicos

¿Cuál es el rol del alumno?

El alumno es responsable de:

1. Matricularse a tiempo en el curso.
2. Adquirir el libro y estudiar cada lección antes de la clase presencial.
3. Asistir puntualmente a las clases presenciales.
4. Participar en las actividades en clase.
5. Participar en la práctica ministerial en la iglesia local fuera de clase.
6. Completar la evaluación final y entregarla al profesor.

¿Cuál es el rol del profesor del curso?

Los profesores y las profesoras para los cursos de Escuela de Liderazgo son pastores/as y laicos comprometidos con la misión y ministerio de la Iglesia y de preferencia que cuentan con experiencia en el ministerio que enseñan. Ellos son invitados por el/la Director/a de Escuela de Liderazgo de la iglesia local (o Institución Teológica) y sus funciones son:

1. Prepararse con anterioridad estudiando el contenido del libro y programando el uso del tiempo en la clase. Al estudiar la lección debe tener a mano la Biblia y un diccionario. Aunque en las lecciones se usa un vocabulario sencillo, se recomienda "traducir" lo que se considere difícil de entender a los alumnos y alumnas, o sea, poner la lección en el lenguaje que ellos y ellas comprenden mejor.

2. Velar para que los/as alumnos/as estudien el material del libro y alcancen los objetivos de aprendizaje.

3. Planear y acompañar a los estudiantes en las actividades de práctica ministerial. Estas actividades deben programarse y calendarizarse junto al pastor local y el/la director/a del ministerio respectivo. Para estas actividades no debe descontarse tiempo a las clases presenciales.

4. Llevar al dia la asistencia y las calificaciones en el formulario de Informe de clase. El promedio final será el resultado de lo demostrado por el/la estudiante en las siguientes actividades:

a. Trabajo en clase

b. Participación en la práctica ministerial fuera de clase.

c. Evaluación final

5. Recoger las hojas de "Evaluación", entregarlas junto al formulario "Informe de clase" al finalizar el curso al/ a la director/a de Escuela de Liderazgo local, esto después de evaluar, cerrar los promedios y verificar que todos los datos estén completos en el formulario.

6. Los profesores y las profesoras no deben agregar tareas de estudio o lecturas aparte del contenido del libro. Si deben ser creativos/as en el diseño de actividades de aprendizaje en clase y en planear actividades ministeriales fuera de clase conforme a la realidad de su iglesia local y su contexto.

¿Cómo enseñar una clase?

Se recomienda usar los 90 minutos de cada clase presencial de la siguiente manera:

- **5 minutos:** Enlace con el tema de la lección anterior y orar juntos.

- **30 minutos:** Repaso y discusión del desarrollo de la lección. Se recomienda usar un bosquejo impreso, pizarra o cartulina u otro disponible, usar dinámicas de aprendizaje y medios visuales como gráficos, dibujos, objetos, láminas, preguntas, asignar a los alumnos que presenten partes de la lección, etc. No se recomienda usar el discurso o que el maestro lea nuevamente el contenido de la lección.

- **5 minutos:** Receso ya sea en el medio de la clase o cuando sea conveniente hacer un corte.

- **20 minutos:** Trabajo en las actividades del libro. Esto puede realizarse al inicio, en el medio o al final del repaso, o bien se pueden ir completando actividades a medida que avanzan en los temas y conforme éstas se relacionan con los mismos.

- **20 minutos:** Discusión sobre la práctica ministerial que hicieron y que tendrán. Al inicio del curso se deberá presentar a los estudiantes el calendario de la práctica del curso para que ellos hagan los arreglos para poder asistir. En las clases donde se hable sobre la práctica que ya hicieron, la conversación debe ser dirigida para que los alumnos compartan lo que aprendieron; tanto de sus aciertos, como de sus errores, así como de las dificultades que se presentaron.

- **10 minutos:** Oración por los asuntos surgidos de la práctica (desafíos, personas, problemas, metas, agradecimiento por los resultados, entre otros).

¿Cómo hacer la evaluación final del curso?

Asigne 15 minutos de tiempo a los y las estudiantes en la última clase del curso. Si fuera necesario ellos y ellas pueden consultar sus libros y Biblias. Las evaluaciones finales se han diseñado para ser una actividad de reforzamiento de lo aprendido en el curso y no una repetición memorística de los contenidos del libro. Lo que se propone con esta evaluación es medir la comprensión y la valoración del estudiante hacia los temas tratados, su crecimiento espiritual, su progreso en el compromiso con la misión de la iglesia local y su avance en experiencia ministerial.

Actividades de práctica ministerial

Las siguientes son actividades sugeridas para la práctica ministerial fuera de clase. En la lista abajo se incluyen 2 sugerencias para cada una de las 6 especialidades ministeriales, con el fin de ayudar a los profesores, pastores, director de Escuela de Liderazgo local y directores locales de ministerio. Entre ellas se puede escoger la que más se adapte a la realidad contextual y el ministerio de la iglesia local o bien puede ser reemplazada por otra conforme a las necesidades y posibilidades. Luego de la primer lección los alumnos pueden agruparse conforme a sus dones más fuertes en 6 especialidades ministeriales. Se recomienda planificar 6 actividades ministeriales, una para cada uno de estos grupos de alumnos. El propósito de estas actividades será involucrarles en una experiencia ministerial que sea nueva y en conformidad con su llamado.

Si opta por la modalidad *curso en 8 sesiones* puede calendarizar una o dos prácticas en las semanas entre las mismas. Si opta por la modalidad *taller* recomendamos hacer una práctica como cierre del curso en la semana siguiente o bien si el taller se da en dos fines de semana planear una práctica en medio.

Actividades ministeriales sugeridas para el curso: Descubriendo mi vocación en Cristo

Especialidad ministerial	*Actividades sugeridas de práctica ministerial*
DONES PASTORALES Y DE LIDERAZGO Liderazgo, Administración Sabiduría, Pastor	1. Un desayuno con el pastor y varios líderes de la iglesia dónde los alumnos puedan hacer preguntas con respecto a su llamado y sus responsabilidades. 2. Ser ayudante del pastor o de otro líder de la iglesia durante una semana para asistirle en todo lo que necesite.
DONES DE ENSEÑANZA Y PREDICACIÓN Discernimiento, Conocimiento Enseñanza, Profecía	1. Hacer un análisis de un sermón en la semana para evaluar la forma en que fue presentado el tema y responder ¿Cómo podría hacerlo mejor? 2. Hacer una encuesta sobre ¿Qué están aprendiendo las personas en la iglesia? ¿Qué recuerdan de la enseñanza por medio de sermones o Escuela Dominical y cómo lo están aplicando a sus vidas?
DONES PARA EVANGELISMO Y CONSEJERÍA Fe, Milagros y Sanidad, Exhortación, Evangelismo, Intercesión	1. Invitar a personas que tienen experiencia en estos ministerios para que compartan su testimonio, sus consejos y respondan preguntas de los alumnos. 2. Apoyar algún proyecto evangelístico de la iglesia haciendo evangelismo personal, visitando hogares u otro.
DONES DE COMPASIÓN Y SERVICIO Hospitalidad, Servicio y Ayuda Generosidad, Compasión	1. Visitar un hospital, cárcel, hogar de niños o ancianos u otro llevando algún tipo de ayuda espiritual y material a estas personas conforme a sus necesidades. 2. Visitar instituciones de ayuda a la comunidad, o invitar a sus líderes para aprender de su trabajo.
DONES PARA LA MISIÓN TRANSCULTURAL Idiomas, Apóstol, misioneroM	1. Involucrarse durante una semana como ayudantes de personas con estos ministerios. 2. Hacer un trabajo de investigación grupal sobre el estado de las misiones cristianas en el mundo usando la internet.
DONES DE CREATIVIDAD ARTÍSTICA Y COMUNICACIONES Escritura, Música Artesanía y Trabajo Manual, Comunicaciones	1. Participar en un proyecto de Máxima mision o Trabajo y Testimonio para suplir alguna necesidad en la iglesia o en la comunidad. 2. Trabajar en un proyecto de decoración para alguna actividad especial de la iglesia o diseñar un video para pasar en un culto o un boletín impreso sobre un tema especial (por ejemplo un documental sobre la práctica realizada por los grupos de este curso).

Lección 1

Descubre tus dones espirituales

Objetivos

- Definir don espiritual, ministerio y vocación.
- Comprender cuándo se reciben los dones espirituales.
- Identificar los dones por medio de un test.

Ideas Principales

- Todos los cristianos tienen una vocación, tienen dones y son llamados al ministerio.
- Los dones son variados y necesarios para la misión de la iglesia.
- Al descubrir nuestros dones podemos capacitarnos para el servicio.

Introducción

En el año 1996 un equipo de Trabajo y Testimonio de los Estados Unidos llegó a Puerto Rico a construir una capilla y se alojó junto a una casa donde se criaban gallos. Les fue difícil dormir en las noches debido al constante y típico "canto" de estas aves. Entonces comenzaron a preguntarse porqué los gallos tienen este molesto hábito, y qué los anima a practicarlo a toda hora. Uno de los miembros del grupo respondió a la pregunta ¿Por qué cantan los gallos? diciendo: "Por que lo hacen bien."

Esta sencilla anécdota nos enseña una gran verdad: Dios también desea que sus hijos le sirvan con lo que saben hacer bien. No necesitamos todos ser grandes teólogos o predicadores para poder servir al Padre. A todos los cristianos Dios nos ha regalado uno o más dones para que los utilicemos en su servicio. El sólo nos pide que invirtamos bien aquello que nos ha obsequiado. Dios nos llama a cumplir con la vocación en Cristo para cuál nos ha creado.

¿Qué es un don espiritual?

Los dones son regalos del Espíritu Santo

Los dones espirituales son habilidades que el Espíritu Santo reparte a los miembros de la iglesia para que sirvan conforme a su llamado.

Un don espiritual es la habilidad o capacidad recibida de Dios por medio del Espíritu Santo para realizar algún servicio cristiano. Por ejemplo: enseñanza, proveer para las necesidades de otras personas, sanar enfermos, entre otros (1 Corintios 12:4; Romanos 12:6; 1 Corintios 12:31-13:13).

¿Qué es ministerio?

Ministerio es todo trabajo que hacemos para servir a Dios y a los demás

El término ministerio abarca todas las responsabilidades de trabajos en las iglesias. En el Nuevo Testamento, ministerio era una "función" que todos los hermanos y hermanas realizaban, es decir, todos los discípulos participaban de la tarea de dar a conocer a Cristo conforme a sus dones y capacidades.

Con el correr de los siglos esta función se centralizó en una persona: el sacerdote o pastor, y esto afectó a la misión de la iglesia, dejando a los miembros apartados del ministerio. Sin embargo, en la Biblia, el término "ministerio", se aplica a muchas más funciones de las que una sola persona (pastor principal) puede realizar.

Cuando cada creyente sirve conforme a su don, se evita que unos pocos miembros se sobrecarguen de funciones y terminen agotados.

Gracias a Dios, en nuestro tiempo los cristianos estamos redescubriendo los principios de Nuevo Testamento con respecto al sacerdocio de "todos los creyentes" (1 Pedro 2:5-9). En Efesios 4, Pablo enseña que el llamado de Dios al ministerio es para todos los creyentes sin importar su edad, sexo, estado civil, clase social, raza o preparación académica, y que comparten los siguientes privilegios por la gracia de Dios:

- Son llamados.
- Deben andar cómo es digno de su "vocación".
- Tienen una "vocación".
- Tienen el mismo Espíritu que les provoca a la unidad.
- Tienen dones.
- Todos son ministros y tienen ministerio.
- Algunos de ellos son apartados para funciones de liderazgo espiritual.

Pablo enseña, que hay ministerios especiales de liderazgo: apóstol, profeta, evangelista, pastor y maestro (Efesios 4:11), pero estos, no son los únicos que tienen ministerio en la iglesia, sino que su propósito es el de perfeccionar a "todos" los cristianos para la obra del ministerio (v. 12). El verbo "perfeccionar", se refiere a proveer capacitación y entrenamiento a cada miembro del Cuerpo de Cristo para servir a Dios y a sus semejantes, conforme a los dones que ha recibido del Espíritu Santo.

¿Qué es vocación?

Sólo hay una vocación en la vida del cristiano y la cristiana

La vocación es la inclinación puesta por el Espíritu Santo en el corazón de los cristianos y las cristianas, por una profesión o trabajo en el cual invertir la vida sirviendo a Dios y a sus semejantes.

Cuando cada creyente usa su don hay más gozo en la congregación y muchos más ministerios de servicio hacia la comunidad.

En los primeros siglos de la historia de la Iglesia, se entendía vocación como la inclinación a la obra del ministerio o llamado religioso. Luego el término se secularizó, es decir se aplicó a otras profesiones y oficios no religiosos, como ser, vocación de maestro, de médico, o albañil, etc. Con el tiempo se hizo una división entre vocación "secular" y vocación "religiosa". Es decir, el cristiano tenía un trabajo para ganarse la vida (vocación secular) y tenía a su vez un ministerio en la iglesia donde servía a Dios. De esta manera había un divorcio entre ambas vocaciones y una tensión permanente sobre a cual de ellas se dedicaba más energía, tiempo y habilidades.

Lección 1 - Descubre tus dones espirituales

Ante esta confusión es necesario volver al significado bíblico del término. Todas las personas tienen una vocación, es decir un propósito o misión por el cual Dios le dio la vida. Esta vocación se realiza en todo lo que una persona hace, ya sea en la iglesia, en su trabajo, en la escuela, en su familia, etc. El cristiano nunca deja de servir a Dios. En la Biblia, vida, servicio y adoración van juntos y son inseparables.

Los dones espirituales no son para satisfacer nuestra propia necesidad, sino las de los demás.

De manera que una persona puede trabajar de panadero y como tiene el don de servicio es un mayordomo en su iglesia local. Pero cuando amasa el pan para alimentar a la gente, no lo hace solo por un salario, sino como un servicio a su Señor, compartiendo además del pan material, el pan de vida que es Cristo Jesús. De esta manera debemos entender que toda ocupación o profesión se convierte para el cristiano y la cristiana en un lugar de ministerio donde realiza su vocación.

¿Cómo y cuándo se recibe un don espiritual?

Los dones se reciben en el momento de "nacer de nuevo"

No hay que confundir don con talento. Los talentos son habilidades naturales que traemos al nacer físicamente. En algunos casos, estas habilidades son transformadas en dones por el Espíritu Santo.

Los dones espirituales son dados a los nuevos creyentes en el momento en que reciben nueva vida en Cristo, es decir, en la conversión. Es en ese momento cuando nacemos a la familia de Dios y el Espíritu Santo viene a habitar en nuestra vida para enseñarnos y guiarnos en el proceso de crecimiento a la imagen de Cristo. En este primer "bautismo" del Espíritu se conceden los dones para servir a Dios y a otros. En el proceso de crecimiento es donde el creyente aprende a identificar su vocación en Cristo, es decir el ministerio para el cual le ha sido dada la vida por el Padre.

En la iglesia de Corinto había muchos problemas en las relaciones entre los hermanos en la fe. Esto se debía a que ellos todavía vivían gobernados por sus deseos egoístas y no habían experimentado la llenura del Espíritu Santo. Sin embargo esta iglesia es alabada por el apóstol por la riqueza de dones que poseían y les advierte acerca del peligro de poner en práctica los dones sin perfecto amor. Los dones de los corintios en lugar de edificar la iglesia la estaban destruyendo.

Sin importar cuantos dones tengamos debemos procurar esta segunda obra de gracia, la llenura del Espíritu, a fin de usarlos en una actitud correcta de amor servicial.

No se debe confundir don espiritual con fruto del Espíritu. Los dones nos capacitan para "hacer" algo, el fruto nos imparte las cualidades del carácter de Cristo: amor, alegría, paz, paciencia, amabilidad, bondad, fidelidad, humildad y dominio propio (Gálatas 5:22).

¿Cuántos dones hay?

Hay tantos dones como necesidades hay en la iglesia y la comunidad

En el Nuevo Testamento hay varias listas de dones:

- 1 Corintios 12:8-10
- 1 Corintios 12:28-30
- 1 Corintios 13
- Romanos 12
- Efesios 4:11
- 1 Pedro 5:1

También hay otros dones que aparecen en 1 Timoteo 3:11, 5:9, 6:12 y 2 Timoteo 2:22.

Los dones que se mencionan en estos pasajes son: apóstol, profeta, maestro, milagros, sanidad, lenguas, intérprete, conocimiento, fe, discernimiento de espíritus, discernimiento, sabiduría, ayuda, administración, martirio, ministerios de entrega, misericordia, servicio, presidir, ministerio con mujeres, con mujeres viudas, entre otros. Observando la lista de dones que se mencionan en el Nuevo Testamento podemos sacar las siguientes conclusiones:

> No hay que confundir don con función o posición ministerial. Por ejemplo, el don de enseñanza se requiere para los maestros y maestras; el don de hospitalidad para los anfitriones; el don de liderazazgo, para los coordinadores de ministerios.

1. Hay dones que aparecen unidos como ser el de anciano y obispo y el de pastor y maestro (Efesios 4:11, 1 Timoteo 5:17). Esto señala que hay dones que vienen juntos puesto que se requieren para desempeñar cierta función ministerial. Por ejemplo un pastor tiene que tener el don de enseñar puesto que una de sus responsabilidades es edificar a los creyentes en la Palabra.

2. Los dones son repartidos a todos los cristianos y no sólo a pastores y líderes. Todos los que han recibido nueva vida en Cristo tienen al menos un don (1 Corintios 7:7, Efesios 4:7, 1 Pedro 4:10 y Romanos 12:3).

3. El ministerio, que significa servicio a Dios y a otras personas, es para todos y no solo para los que tienen educación teológica profesional.

4. Los ministerios son un trabajo en equipo. Se requiere de una variedad de dones para dirigir las congregaciones locales, para abrir campos misioneros, para la educación teológica, para ministerios juveniles, etc.

5. Hay una gran diversidad de dones y ministerios, esto significa que Dios es creativo y sabio en otorgar dones a los miembros de las iglesias para que ellos puedan servir conforme a las necesidades de su iglesia y comunidad.

> *El que ministra es uno que sirve a Dios y a la gente. Jesús enseñó que la actitud para servir debe ser la de siervo (Mateo 20:26-28).*

En la sección de Actividades se incluye el test para identificar sus dones.

¿QUÉ APRENDIMOS?

Los dones espirituales son habilidades que el Espíritu Santo reparte a los miembros de la iglesia para que sirvan conforme a su llamado. Todos los cristianos tienen la responsabilidad de descubrir sus dones, recibir capacitación y entrenamiento de sus líderes espirituales y volcar su vida en el servicio conforme a su llamado y vocación en Cristo.

Lección 1 - Descubre tus dones espirituales

Actividades

Tiempo 20'

INSTRUCCIONES:

PASO 1. Complete el Test de dones

Cada uno de los 96 ítems del test describen actividades. Evalúe cada una conforme a su interés ya sea que las haya practicado o no, de acuerdo a la siguiente tabla de puntaje:

0. No me interesa (aunque lo haya practicado o no)
1. Me interesa muy poco
2. Me interesa medianamente
3. Me interesa más que otras
4. Es lo que más disfruto (me gustaría dedicarme y especializarme en esto)

PREGUNTAS

1. ___ ¿Prefiero comunicarme en forma escrita antes que hablar?
2. ___ Usualmente, ¿doy un paso adelante y asumo el liderazgo de un grupo donde no existe alguno?
3. ___ ¿Tiendo a identificar y acercarme a las personas que están solas en los cultos o actividades de la iglesia?
4. ___ ¿Tengo la habilidad de reconocer una necesidad grande o pequeña y resolverla?
5. ___ ¿Tengo la habilidad de organizar ideas, personas y proyectos para cumplir un objetivo específico?
6. ___ ¿Tengo facilidad para distinguir cuando alguien no tiene una vida espiritual genuina?
7. ___ ¿Generalmente estoy seguro de que podemos lograr grandes cosas para la gloria de Dios?
8. ___ ¿Me gozo cuando me piden cantar o tocar algún instrumento musical durante los cultos de la iglesia?
9. ___ ¿Tengo facilidad para el aprendizaje de idiomas?
10. ___ ¿A través de mis oraciones, que Dios ha hecho milagros y sanidades?
11. ___ ¿Tengo la habilidad de usar mis manos diseñando y construyendo cosas?
12. ___ ¿Me gusta la idea de utilizar herramientas tecnológicas para comunicar algo?
13. ___ ¿Considero el dar dinero para la obra de la iglesia un privilegio más que una responsabilidad?
14. ___ Cuando veo la necesidad de alguién ¿me mueve el deseo de hacer algo para ayudar?
15. ___ ¿Tengo a menudo la perspicacia de ofrecer soluciones útiles cuando se presenta un problema?
16. ___ ¿Me gusta investigar un asunto hasta llegar al fondo de la verdad?
17. ___ ¿Me gozo alentando y dando consuelo a quienes estan desanimados?
18. ___ ¿Me interesa estudiar a fondo temas de las Escrituras y compartirlos con otros?
19. ___ ¿Me apasiona ayudar a otros en su crecimiento espiritual?
20. ___ ¿Me gustaría hacer algo para que haya una iglesia en cada comunidad donde congregarse?
21. ___ ¿Me atrae evangelizar a grupos de personas marginadas o extranjeras?
22. ___ ¿Me gusta escuchar una predicación y pensar en cómo presentaría yo ese mensaje?

23 ___ ¿Me gozo estando con aquellos que no son cristianos, con la esperanza de hablarles acerca de Jesús?
24 ___ Cuando escucho noticias o una conversación acerca de las necesidades, ¿siento carga de orar?
25 ___ ¿Conozco muchas más palabras que el común de la gente de mi edad y las uso apropiadamente?
26 ___ ¿Me resulta fácil pedir a otros que colaboren con un proyecto?
27 ___ ¿Me gozo asistiendo a los invitados, para que se sientan a gusto en mi casa o iglesia?
28 ___ ¿Me gozo sirviendo a otras personas, no importando si la tarea es sencilla o pequeña?
29 ___ ¿Soy muy organizado y planeo los pasos necesarios para alcanzar un objetivo?
30 ___ ¿Distingo con facilidad cuando una persona habla y actúa con verdad o con falsedad?
31 ___ ¿Soy naturalmente una persona motivadora?
32 ___ En mi adoración privada, ¿me gusta expresar lo que siento a Dios por medio de cantos?
33 ___ ¿Me gusta ayudar a personas de diferentes idiomas a comunicase?
34 ___ ¿Cuando es necesario oro con fe esperando que Dios obre de manera sobrenatural?
35 ___ ¿Me gozo haciendo manualidades como: artesanía en madera, tela, pintura, costura?
36 ___ ¿Tengo habilidad para usar los medios de comunicación como audio, video, etc. ?
37 ___ Cuando puedo, ¿ayudo económicamente a los hermanos en necesidad dando de mi dinero?
38 ___ ¿Creo que vale la pena invertir mi tiempo para ayudar a las personas en sus necesidades?
39 ___ ¿Dios me ha permitido elegir correctamente entre varias opciones cuando otros no saben qué hacer?
40 ___ ¿Estudio asuntos difíciles en la Palabra de Dios sin descanso, hasta encontrar la respuesta?
41 ___ ¿A menudo las personas me cuentan sus problemas y yo las animo?
42 ___ ¿Tengo creatividad para explicar o ilustrar temas complicados en forma sencilla?
43 ___ ¿Siento compasión por las personas que no tienen quién los pastoree?
44 ___ ¿Estaría animado y dispuesto a empezar una nueva iglesia?
45 ___ ¿Puedo adaptarme fácilmente a otras culturas o estilos de vida diferentes a los míos?
46 ___ ¿Siempre hablo de los principios cristianos, aún cuando lo que digo no sea popular?
47 ___ ¿Me gustaría estar bien entrenado para evangelizar a las personas?
48 ___ ¿Creo que la oración es lo más importante que los cristianos pueden hacer?
49 ___ Cuando leo algo escrito por otro, ¿me doy cuenta si está usando mal el idioma?
50 ___ ¿Puedo guiar a un grupo de personas hacia el cumplimiento de una meta específica?
51 ___ ¿Me gozo conociendo personas nuevas y presentándolas en un grupo?
52 ___ ¿Soy digno de confianza para cumplir tareas en un tiempo determinado?
53 ___ ¿Es fácil para mí delegar o encargar a otras personas para que hagan tareas difíciles?
54 ___ ¿Puedo distinguir entre el bien y el mal en asuntos espirituales complejos más que otros?
55 ___ ¿Tengo confianza en la fidelidad de Dios para el futuro, aún en medio de problemas?
56 ___ ¿Me gozo cantando y algunas personas dicen que tengo buena voz?
57 ___ ¿Es fácil y natural para mí aprender un idioma y usarlo para edificar la vida de otros?
58 ___ Regularmente, ¿Dios me trae a la mente a alguien que está enfermo cuando oro?
59 ___ ¿Pienso que es muy importante que los edificios de las iglesias estén en buenas condiciones?

60 ___ ¿Puedo escribir guiones para dramas o programas de radio o televisión?

61 ___ ¿No me importa privarme de algo para dar mejores ofrendas?

62 ___ ¿No me duele invertir de mi tiempo para suplir las necesidades de otros?

63 ___ ¿A menudo las personas buscan mis consejos para su vida cuando no saben qué hacer?

64 ___ Si tengo una duda, ¿busco información de varias fuentes para hallar la respuesta?

65 ___ ¿No siento temor para confrontar a otra persona para ayudarle en su crecimiento espiritual?

66 ___ ¿Me gustaría conocer más sobre técnicas de enseñanza para enseñar la Palabra?

67 ___ ¿Me gozo trabajando con personas, ayudándoles a crecer en su servicio al Señor?

68 ___ ¿Me identifico con los plantadores de iglesias?

69 ___ ¿Me gustaría evangelizar en un idioma, cultura y estilo de vida diferente de los míos?

70 ___ ¿Me mueve el deseo de enseñar la voluntad de Dios para la vida de sus hijos?

71 ___ Cuando alguien acepta a Jesús como Salvador, ¿es uno de los momentos más felices de mi vida?

72 ___ ¿Es natural para mí poner las necesidades de otros antes que las mías cuando oro?

73 ___ Cuando escribo, ¿reviso mi material hasta asegurarme que está claramente expresado?

74 ___ ¿Generalmente las personas respetan mis opiniones y siguen mi dirección?

75 ___ ¿Me gusta abrir mi casa y recibir visitas?

76 ___ ¿Me gozo ayudando a los líderes con cualquier tipo de necesidad y me siento alegre al satisfacerlas?

77 ___ ¿Me siento cómodo al tomar decisiones importantes aún bajo presión?

78 ___ ¿Identifico fácilmente cuando se interpreta y enseña erróneamente la Palabra?

79 ___ ¿Cuando oro lo hago con fe y con frecuencia Dios contesta mis oraciones en maneras impresionantes?

80 ___ ¿Me gustaría transmitir un mensaje por medio de una canción y que otros sean edificados?

81 ___ ¿Siento compasión por la gente que no tiene libros cristianos o Biblias en su propio idioma?

82 ___ ¿Cuando alguien enfrenta una situación difícil, le animo y oramos juntos pidiendo la intervención divina?

83 ___ ¿Me gusta la fotografía, el dibujo, el drama y usar otras formas de arte para trasmitir un mensaje?

84 ___ ¿Me gustaría ayudar a otros enseñando técnicas para comunicarse mejor con la gente?

85 ___ ¿Cuando le doy dinero a alguien no espero que me den las gracias o me reconozcan frente a otros?

86 ___ ¿Tengo habilidad para encontrar recursos cuando otros se dan por vencidos y así cubrir necesidades?

87 ___ ¿Tengo habilidad para aplicar los principios de la Palabra para tomar decisiones en la vida diaria?

88 ___ ¿Puedo dedicar mucho tiempo a identificar verdades y principios bíblicos y me gozo haciéndolo?

89 ___ ¿Las personas se sienten cómodas contándome sus problemas?

90 ___ ¿Soy organizado en mis pensamientos al presentar enseñanzas de la Biblia a un grupo de personas?

91 ___ ¿Me gozo en dar acompañamiento espiritual a las personas cuando están pasando por problemas?

92 ___ ¿Me gustaría formar nuevos grupos de cristianos en áreas donde no hay muchas iglesias?

93 ___ ¿Estoy dispuesto a usar mis recursos económicos para ir a servir al Señor en lugares distantes?

94 ___ ¿Es relativamente fácil para mí aplicar las enseñanzas de la Biblia a situaciones de hoy día?

95 ___ ¿Tengo mucho interés en gruiar a otros para que lleguen a ser cristianos?

96 ___ ¿Es la oración mi ministerio preferido en la iglesia y paso mucho tiempo practicándola?

PASO 2: Sume las respuestas del Test de dones

Una vez completado el test, copie los resultados de cada item en el "Cuadro de Respuestas" (abajo). Luego sume las cuatro cifras que anotó de forma horizontal y escriba el resultado en la columna "TOTAL". Observe el siguiente ejemplo:

	RESPUESTAS							TOTAL	DON
1.	2	25.	1	49.	1	73.	2	6	A. ESCRITURA
2.	4	26.	3	50.	2	74.	2	11	B. LIDERAZGO

Cuadro de Respuestas

	RESPUESTAS							TOTAL	DON
1.		25.		49.		73.			A. ESCRITURA
2.		26.		50.		74.			B. LIDERAZGO
3.		27.		51.		75.			C. HOSPITALIDAD
4.		28.		52.		76.			D. SERVICIO Y AYUDA
5.		29.		53.		77.			E. ADMINISTRACIÓN
6.		30.		54.		78.			F. DISCERNIMIENTO
7.		31.		55.		79.			G. FE
8.		32.		56.		80.			H. MÚSICA
9.		33.		57.		81.			I. IDIOMAS
10.		34.		58.		82.			J. MILAGROS Y SANIDAD
11.		35.		59.		83.			K. ARTESANÍA/ TRABAJO MANUAL
12.		36.		60.		84.			L. COMUNICACIONES
13.		37.		61.		85.			M. GENEROSIDAD
14.		38.		62.		86.			N. COMPASIÓN
15.		39.		63.		87.			O. SABIDURÍA
16.		40.		64.		88.			P. CONOCIMIENTO
17.		41.		65.		89.			Q. EXHORTACIÓN
18.		42.		66.		90.			R. ENSEÑANZA
19.		43.		67.		91.			S. PASTOR
20.		44.		68.		92.			T. APÓSTOL
21.		45.		69.		93.			U. MISIONERO
22.		46.		70.		94.			V. PROFECÍA
23.		47.		71.		95.			W. EVANGELISMO
24.		48.		72.		96.			X. INTERCESIÓN

PASO 3: Identifique su Especialidad ministerial

En el cuadro anterior marque los dones donde obtuvo mayor puntaje, estos serán sus DONES MAS FUERTES. Luego ubique esos dones en su ESPECIALIDAD MINISTERIAL.

Especialidades Ministeriales

Dones Pastorales y de Liderazgo
- Liderazgo
- Administración
- Sabiduría
- Pastor

(Lección 2)

Dones de Enseñanza y Predicación
- Discernimiento
- Conocimiento
- Enseñanza
- Profecía

(Lección 3)

Dones para Evangelismo y Consejería
- Fe
- Milagros y Sanidad
- Exhortación
- Evangelismo
- Intercesión

(Lección 4)

Dones Compasión y Servicio
- Hospitalidad
- Servicio y Ayuda
- Generosidad
- Compasión

(Lección 5)

Dones de Creatividad Artística y Comunicaciones
- Escritura
- Música
- Artesanía y Trabajo Manual
- Comunicaciones

(Lección 7)

Dones para la Misión Transcultural
- Idiomas
- Apóstol
- Misionero

(Lección 6)

En las siguientes 6 lecciones se incluye un estudio con mayor profundidad de sus dones más fuertes, el cual le será de mucha ayuda para confirmarlos y saber cómo puede comenzar a servir en su iglesia.

Lección 2

Dones pastorales y de liderazgo

Objetivos
- Definir los dones de pastor, administración, liderazgo y sabiduría
- Identificar las responsabilidades que estos dones conllevan.
- Conocer ejemplos de personas con estos dones.

Ideas Principales
- Los pastores son líderes que, bajo el llamamiento de Dios y de su pueblo, dirigen el ministerio de una iglesia local.
- El pastor trabaja coordinadamente con los demás líderes de la iglesia.

Introducción

¿Cómo sería el desempeño de un equipo de fútbol sin entrenador? ¿Llegaría a su destino un barco que navegue sin nadie en el timón? ¿Cómo lograría una orquesta tocar en armonía sin su director? Funciones semejantes a éstas son las que Dios ha delegado a los pastores, administradores y líderes. Sus ministerios son fundamentales para guiar a la iglesia en la realización de su misión en este mundo (Efesios 4: 11).

El don de pastor

En esta sección aprenderemos sobre el don de pastor

Pastor es la traducción del griego poimen y significa el que cuida y alimenta al rebaño y se aplica al que ejerce pastorado en la iglesia (Efesios 4:11). El pastor es un ministro que, bajo el llamamiento de Dios y de su pueblo, dirige una iglesia local.

También hay otras personas que tienen el don de servir como pastores de un grupo de cristianos por un tiempo, es decir, han recibido una capacidad especial de Dios para cuidar de otros creyentes y guiarlos en su crecimiento espiritual. Por ejemplo: líder de célula, discipulador, pastor de niños, pastor de jóvenes, líder de ministerios con mujeres, con hombres, y otros.

Las responsabilidades pastorales

El llamado al ministerio de pastor líder de una iglesia local, se distingue en la pasión de edificar, equipar y guiar a los cristianos en el crecimiento espiritual y en la vida de servicio cristiano (Hechos 18:24-26; Gálatas 1:6-12; 2; Timoteo 4:1-2). Podemos comparar el ministerio del pastor líder con el trabajo de entrenador deportivo o con el de director de orquesta. Su labor no es hacer todo el trabajo del ministerio, sino entrenar a los creyentes para que ellos sean los que sirvan. Según el Nuevo Testamento, la calidad del trabajo de un pastor se mide por la calidad de los ministerios desarrollados por los miembros de su iglesia. Es por esta función de dirigir a la congregación, que los pastores necesitan también los dones de administración y de liderazgo. Un pastor tiene las siguientes responsabilidades:

Dones pastorales:
Son muchos los ministerios y funciones que se requieren para cuidar de una iglesia local, ninguna persona puede realizados todos. La función pastoral es una tarea para la cual Cristo repartió dones entre todos los miembros de la iglesia, para que cada miembro del cuerpo pudiera ministrar a los demás. Los dones que se identifican en la Palabra con la tarea pastoral son:
- Pastor/maestro (alimentación espiritual)
- Profecía (dirigir el rebaño)
- Sabiduría y conocimiento (instruir, orientar)
- Fe (animar, dar confianza)
- Exhortación (levantar, fortalecer a los caídos)
- Misericordia (restaurar, socorrer)
- Los que ayudan y sirven (a los necesitados)
- Administración y liderazgo

- Predicar y enseñar la Palabra (1 Timoteo 5:17, Tito 1:9).
- Dirigir el ministerio de la iglesia con el objeto de que ésta crezca en todas dimensiones (Juan 10:3-4, 1 Pedro 2:25 y 5:3).
- Restaurar, corregir, animar, consolar (Ezequiel 34:10).
- Proteger, guardar, atender, vigilar (San Juan 10:10-15).
- Perfeccionar y equipar (Efesios 4:11-12).

Juan Wesley

Juan Wesley nació el 17 de junio de 1703 en el hogar de un pastor anglicano en Epworth, Inglaterra. En 1728, a los 23 años, fue ordenado como sacerdote anglicano y dos años después recibió su maestría en artes. En la universidad de Oxford presidió el "Club de los santos" pero aún así no tenía seguridad personal de que sus pecados habían sido perdonados. Fueron los moravos, quienes le impactaron por su fe y testimonio. Un 24 de mayo de 1738, luego de asistir a un culto de oración moravo tuvo una experiencia especial: "...recibí la seguridad de que mis pecados habían sido perdonados."

Poco después, comprendió que la experiencia recibida fue la santidad de corazón y que ésta era diferente y posterior a la conversión. La obra de la santificación o perfección cristiana llegó a ser el tema fundamental de sus sermones y escritos. Dios usó su ministerio para traer avivamiento por toda Inglaterra. Juan Wesley fue el fundador de la Iglesia Metodista y desarrollador de la teología wesleyana de santidad.

En su ministerio anduvo a caballo unos 8,300 km. al año, durante más de 40 años, tiempo que aprovechaba para leer y preparar sermones, puesto que en ocasiones predicaba hasta ocho veces en un día. Fue un hombre de gran disciplina, pues en vida, escribió 40,000 sermones, 3,000 libros y folletos sobre diversos temas como teología, ciencia, lógica, medicina y música.

Burnis Bushong dice que Wesley predicó su último sermón a la edad de 87 años, para lo cual sus amigos tuvieron que ayudarlo a ponerse de pie en el púlpito. El 2 de marzo de 1791 entró en la presencia de Dios. Antes de morir dijo "Lo mejor de todo es que Dios está con nosotros."

El don de administración

En la siguiente sección estudiaremos el don de administración

El don de administración es la capacidad para organizar, desarrollar planes y objetivos a corto, mediano y largo plazo, coordinar y dirigir actividades de la iglesia. Quienes tienen este don tienen el deseo y la habilidad de establecer metas de acuerdo a la visión recibida de Dios; comunicar dichas metas a otras personas y motivarles guiándoles a alcanzar

---

Confirmación del don de pastor
- ¿Me identifico claramente con las responsabilidades de un pastor?
- ¿Me gustaría invertir mi vida para dar acompañamiento espiritual a las familias en las diferentes etapas de su vida?
- ¿Me gusta ayudar a las personas a realizarse conforme a su vocación cristiana?
- ¿Siento amor y compasión por las personas que no tienen pastor?
- ¿Me siento responsable de ayudar cuando alguien está pasando problemas de pecado o tristeza?

Deberes de la iglesia con los pastores
1 Corintios 9:14
1 Timoteo 5:17-18
Hebreos 13:7 y 17
Filipenses 2:29
1 Tesalonicenses 5:12-13
Romanos 15:30.

Para estudio del don de administración
Éxodo 18:13-27
1 Corintios 12:28.

esos objetivos diseñando planes, organizando y supervisando el proceso (1 Corintios 12:28). Los buenos líderes necesitan de los administradores.

Su tarea no sólo se refiere a la cuestión financiera de la iglesia, sino también a los aspectos de gestión institucional, en coordinación con el pastor y líderes de la iglesia.

Las responsabilidades del administrador

La palabra "administración" viene del griego "kuberneseis", que significa "el que pilotea una nave", señalando a la persona que manejaba el timón de una embarcación y la hacía llegar a su destino sin problemas. Se puede traducir también como "gobernar" o "presidir" y en ese sentido está estrechamente relacionado con el don de liderazgo. En la Palabra hay dos cualidades requeridas a las personas que se desempeñaban como administradores:

- Fidelidad   1 Corintios 4:2; Lucas 16:10-12
- Diligencia   Lucas 14:28

Miguel Ángel Mejía Flores

Don Miguel Ángel Mejía Flores nació el 28 de septiembre de 1926, en El Salvador. En su juventud pudo estudiar únicamente hasta dos años de la secundaria, sin embargo se desempeñó como un buen administrador, en la empresa privada. Casado con Celia Sara Pérez en 1949 y miembro de la Iglesia del Nazareno desde 1966, don Miguel sirvió como maestro de Escuela Dominical, como líder en la junta de local y en la junta consultora de distrito.

Paralelamente a su vida en la iglesia, llegó a ser gerente de ventas en la compañía en que trabajaba, donde era conocido por la diligencia y el éxito en su trabajo, así como el entusiasmo con que evangelizaba a los empleados a su cargo durante 23 años.

Desde el año 1974 hasta 1999 trabajó como administrador en el Seminario del Seminario Nazareno de las Américas (SENDAS) en Costa Rica, (1974-1987 y 1992-1999). Luego como administrador de la Oficina Regional Iglesia del Nazareno para la Región MAC (1987- 1992).

Durante su servicio alcanzó importantes logros, como la expansión y construcción de nuevas infraestructuras para el SENDAS, así como su labor de profesor de música y director del coro estudiantil del seminario. Su impecable testimonio se expresa por sus propias palabras: "Ser un cristiano fiel, es la raíz del gran triunfo, entregarse al Señor y esperar grandes cosas."

Confirmación del don de administración

- ¿Me siento incómodo con el desorden y la desorganización?
- ¿Me identifico claramente con las responsabilidades de administrador?
- ¿Me gusta mantener las cosas en orden, anticipándome a probables problemas?
- ¿Me gusta planear los pasos necesarios para alcanzar los objetivos?
- ¿Me siento cómodo delegando tareas a otros?
- ¿Puedo trabajar cómodo aún bajo presión?

El don de Liderazgo

En esta sección estudiaremos el don de liderazgo

Para estudio del don de liderazgo:
Éxodo 18:13-27
Mateo 8:1-4, 20:27
Lucas 14:28; 16:10-12
Juan 13:1-7
1 Corintios 4:2 y 12:28
1 Timoteo 6:1-2
2 Tesalonicenses 3:4

La palabra liderazgo se traduce del verbo griego proistemi que significa: presidir, conducir, dirigir a la iglesia. Estas personas motivan, inspiran, organizan a otros con autoridad espiritual para el trabajo ministerial (Romanos 12:8; 1 Tesalonicenses 5:12). El estilo de liderazgo espiritual es en muchos sentidos opuesto al del mundo, puesto que el líder cristiano debe tener una actitud de siervo como la que tuvo Jesús (Mateo 20: 27).

Generalmente todas las personas tienen potencial para llegar a ser líderes, aunque no sean conscientes de ello. Esto quiere decir que tienen habilidades, capacidades, cualidades y talentos encubiertos que pueden desarrollarse con capacitación y práctica. El liderazgo espiritual es un don y un llamado, que tiene que ver con la dirección de la iglesia en su misión.

Cualidades del líder espiritual

El líder es quién marca el rumbo en la iglesia. Cuando el líder no tiene un plan para alcanzar la visión es tan sólo un soñador. Es por eso que el don de liderazgo espiritual viene acompañado por el don de administración (Éxodo 18:13-27). Un buen líder espiritual se distingue por lo siguiente:

- Su visión. El líder tiene metas de gran valor, difíciles de alcanzar, que requiere inversión a largo plazo de tiempo y recursos.
- Un plan práctico con metas intermedias.
- La fuerza de voluntad o una sana ambición para implementar ese plan.
- El fruto principal de su ministerio es el desarrollo de otros líderes (2 Timoteo 2:2; Efesios 4:11-12).

Bruno y Liliana Radziszewski

El Doctor Bruno Radziszewki (1946 -2005) se destacó como pastor y líder de nuestra Iglesia del Nazareno en la Región SAM, junto a su esposa, Liliana, con quien se casó en 1986.

Ambos sirvieron como Coordinadores de Evangelismo en Paraguay. Entre 1988 y 1994 sirvieron como Directores de Evangelismo en Brasil, el Cono Sur, Ecuador y Directores de Área para el Cono Sur.

En 1994, fue nombrado Director Regional de Sudamérica, por lo cual se trasladan a Ecuador, pero al año siguiente, por motivos de seguridad, la Oficina Regional se trasladó a Argentina donde sirvieron en el mismo cargo hasta el 21 de junio de 2005, cuando el Señor decidió llevar a Bruno a su presencia luego de una larga convalecencia por problemas cardíacos.

Cualidades del líder espiritual
- Leal (1 Timoteo 6:1-2; 2 Tesalonicenses 3:4)
- Enseñable (Tito 3:14; Job 6:24)
- Sujeto (Romanos 13:1-2; Juan 14:12)
- Obediente (Hebreos 13:17)
- Humilde (Romanos 12:3)
- Positivo (Romanos 8:28; Filipenses 4:8 y 13)
- Con un corazón de siervo (Mateo 18:1-4)

Tres estilos o tipos de líderes por Roger L. Smalling:
- "Los pioneros": Son visionarios que abren campos nuevos de misión y generalmente son pésimos administradores.
- "Los gerentes": Son administradores que siguen al líder pionero y transmiten su visión. Son hábiles para encontrar y organizar recursos para alcanzar la visión en forma ordenada y progresiva.
- "Los conserjes": Son los mantenedores. Velan por la espiritualidad y mantienen a la gente feliz y satisfecha. Pero por su falta de visión y metas no hay mucho crecimiento.

Durante todos esos años, Liliana, su esposa sirvió al lado de Bruno, como su asistente y como administradora en cada función. Actualmente, Liliana vive en Pilar, Buenos Aires, con sus hijas, y continúa sirviendo tiempo completo como misionera de la Iglesia del Nazareno, como representante legal de la Iglesia en Argentina, como Coordinadora Regional de Misiones Nazarenas Internacionales y como Gerente Administrativa de la Oficina Regional (Revista Mujer Valiosa TV: 2008).

El don de sabiduría

En esta sección estudiaremos el don de sabiduría

Confirmación del don de liderazgo
- ¿Tengo la habilidad de influenciar y motivar a otros para trabajar en algún proyecto para suplir necesidades de la iglesia?
- ¿No me cuesta trabajo que otros me sigan?
- ¿Me interesa compartir responsabilidades ministeriales con otros?
- ¿Me gusta entrenar a otros para servir al Señor?
- ¿Siento el deber de tomar iniciativa y proveer dirección para organizar a otros en el trabajo?

El don de sabiduría se caracteriza por la habilidad de discernir la aplicación práctica de las verdades de Dios a situaciones especiales (1 Corintios 12:8). En la Palabra la fuente de toda sabiduría (sofía) es Dios (Romanos 11:33; 1 Corintios 1:21) y su sabiduría nos fue revelada en Cristo (1 Corintios 1:30) y a travéz del Espíritu Santo (1 Corintios 2:7-10).

El don de sabiduría tiene estrecha relación a los ministerios de la enseñanza y la predicación, puesto que consiste en la capacidad especial para aplicar en forma práctica los conocimientos adquiridos a situaciones particulares que requieren de solución (1 Reyes 3:5-28)

Responsabilidades de la persona con el don de sabiduría

- Ayuda a otros a resolver asuntos difíciles por medio de la consejería.
- Advierte sobre algún camino equivocado que se esté tomando (por ejemplo: estrategia o teología).
- Colabora con los líderes para desarrollar planes y proyectos de trabajo.
- Labora con equipos para interpretar y aplicar la Palabra a situaciones actuales.
- Provee orientación sobre desarrollo de la iglesia.
- Orienta sobre mejores formas de aprovechar los recursos humanos y materiales de la iglesia.

Phineas F. Bresee

Para estudio del don de sabiduría
1 Reyes 3:9 y 16-28
1 Corintios 2: 7-10; 4:1;
12:8
Efesios 3:3-6

Phineas Franklin Bresse nació en Franklin (Nueva York) en 1838, en una familia cristiana. Se convirtió a la edad de 16 años y desde joven tuvo claridad sobre su llamado al ministerio pastoral. A los 28 años fue lleno del Espíritu Santo. Luego de pastorear en varias iglesias metodistas en Iowa y California algunos líderes apreciaron en este joven sus muchos dones entre los que destacaba el don de sabiduría. Bresse tenía una habilidad especial para organizar el trabajo de la iglesia de manera que estas crecían no sólo en número sino también en sus finanzas.

Por aquel entonces lo nombraron pastor en la Universidad Metodista "Mateo Simpson" (Iowa) la que estaba pasando graves problemas económicos. Bresse diseñó un plan para salvar la universidad de la ruina financiera y al fin lo logró luego de mucho esfuerzo y sacrificio. Su don de sabiduría estaba unido a su pasión por los pobres lo cual llevó a Bresse a involucrarse en los problemas sociales de su comunidad.

A los 45 años se trasladó a pastorear en California donde encontró muchos desafíos. La población que rodeaba a la iglesia en Los Ángeles era de inmigrantes de muchas culturas diferentes. Bresse aprovechó esta circunstancia y la iglesia creció rápidamente.

Bresse tenía una sabiduría especial también para predicar y enseñar la santidad. A partir de 1890, Bresee hizo de la doctrina de la santidad el objetivo supremo de toda su predicación, por lo que lideró campañas de avivamiento de santidad desde California hasta Illinois. Bresee enfrentó mucha oposición a su énfasis en la santidad de vida y en el trabajo con los inmigrantes pobres.

Luego de varios años y de pasar por diferentes funciones ministeriales en la Iglesia Metodista, finalmente Bresse de 58 años y su amigo Widney, junto a la congregación de la misión Peniel deciden fundar una nueva denominación de santidad. Bresse y Widney fueron los primeros líderes y de la Iglesia del Nazareno. La iglesia creció de 300 a 1500 personas en ocho años con un buen número de iglesias hijas (incluyendo una congregación mexicana y un trabajo con los inmigrantes japoneses) en diferentes lugares de California y fuera de este estado también.

Bresee siguió como pastor, presidente de una universidad y como superintendente general de la Iglesia del Nazareno hasta su muerte en 1915, a sus 77 años. El don de sabiduría que el Espíritu Santo concedió a Bresee, unido a dones de pastor, liderazgo, enseñanza, administración y compasión, entre otros, lo llevaron a ser un instrumento del Señor en la fundación de la Iglesia del Nazareno que hoy día ha llegado a ser la más grande denominación de santidad alrededor del mundo.

Confirmación del don de sabiduría
- ¿Tengo habilidad para resolver problemas de índole práctica en la iglesia?
- ¿Me gusta ayudar a las personas para que tomen buenas decisiones?
- ¿Las personas me piden consejo sobre diversos asuntos?
- ¿Me complace ayudar a los líderes para encontrar las mejores estrategias para la misión de la iglesia?
- ¿Tengo la habilidad de enseñar a otros para que puedan aplicar los principios de la Palabra cuando toman decisiones en su vida diaria?

¿Qué Aprendimos?

Los dones de servicio pastoral, de administración, liderazgo y sabiduría son imprescindibles para el buen funcionamiento de la iglesia. Los buenos líderes y pastores se rodean de buenos administradores y cristianos con el don de sabiduría para juntos conducir a la iglesia en un crecimiento saludable.

Lección 2 - Dones pastorales y de liderazgo

Actividades

Tiempo 20'

INSTRUCCIONES:

1. Como se ha estudiado en esta lección los dones de pastor, administración, sabiduría y liderazgo son esenciales para el buen funcionamiento nuestra iglesia. Escriba en sus propias palabras una definición de cada uno de estos dones.

_____
_____
_____
_____
_____
_____

2. ¿Cuáles son las cualidades que debe reunir un pastor según 1Timoteo 3.1-7?

_____
_____
_____

3. ¿Cómo se podría identificar a las personas de nuestra iglesia que tienen estos dones?

_____
_____
_____

4. Considere el trabajo de su pastor/a y piense en algunas formas de cómo podría apoyarlo/la. Luego escriba una lista y hable esta semana con su pastor/a al respecto.

_____
_____
_____
_____

5. El juego del líder

Un alumno sale del salón, para que no escuche ni vea la planificación del grupo. El resto de estudiantes se ponen en círculo y un voluntario actuará como el líder, es decir de manera discreta dirigirá al resto con movimientos que todos van a seguir, tomando cuidado de no delatar quien es el líder. Una vez puestos de acuerdo, se hace entrar al alumno que salió y se le indica que observe el comportamiento de sus compañeros y trate de identificar pasados 3 minutos quien es el líder.

Culmina el ejercicio compartiendo ideas sobre: ¿Qué aprendimos acerca del liderazgo por medio de esta dinámica?

_____
_____

Lección 3

DONES DE ENSEÑANZA Y PREDICACIÓN

Objetivos
- Definir los dones de enseñanza, conocimiento, discernimiento y profecía.
- Identificar las responsabilidades que estos dones conllevan.
- Conocer ejemplos de personas con estos dones.

Ideas Principales
- Los maestros y predicadores desarrollan un ministerio fundamental para el crecimiento de la iglesia.
- Los dones de enseñanza y conocimiento son complementarios entre sí.

Introducción

Te has preguntado ¿Qué relación tiene la enseñanza, la sabiduría, el conocimiento y la profecía? ¿Crees que únicamente los "eruditos" pueden ser maestros en la iglesia? ¿Crees que el que profetiza es uno que habla por Dios? En esta lección estudiaremos estos dones de manera que sean de ayuda para aclarar dudas sobre los mismos.

El don de enseñanza

En la siguiente sección conoceremos sobre el don de maestro

Para estudio del don de enseñanza
Hechos 13:1
1 Corintios 12:28
Efesios 4:11
Santiago 3
Tito 1:9

El don de enseñar (didasko) en la Palabra no se refiere a transmitir sólo "información" sino a comunicar las verdades espirituales que las personas necesitan para crecer a la imagen de Cristo. El don de enseñar es tambien la habilidad especial de estudiar la Palabra de Dios para edificar a la iglesia. Puesto que todos los cristianos son discípulos que nunca dejan de crecer a semejanza de Cristo, se necesitan en la iglesia hermanos y hermanas con el don de la enseñanza. Este don en la Palabra aparece gramaticalmente unido al de pastor líder de una congregación local. Pero no solo los pastores reciben este don.

Responsabilidades de los maestros y maestras

Confirmación del don de enseñanza
- ¿Conozco o me gustaría especializarme en técnicas de enseñanza?
- ¿Me interesa investigar algunos pasajes bíblicos más allá de lo que me enseñan en la iglesia?
- ¿Soy creativo para explicar o ilustrar temas complejos en forma sencilla?
- ¿Soy organizado para presentar mis ideas a otros?
- ¿Me gusta esforzarme para que otros comprendan y pongan en practica la Palabra en su vida?

- Estudiar a fondo las Escrituras
- Conocer las preguntas y necesidades de sus alumnos
- Poner las verdades profundas en palabras que todos puedan comprender
- Conocer y usar los métodos de enseñanza para transmitir los conocimientos de una manera interesante, amena y variada.
- Ser un ejemplo viviente de la vida de santidad (Tito 1.9).

Jesús de Nazaret

Jesús es el mejor ejemplo del don de enseñanza. El nos enseña que las palabras del maestro o maestra llegarán solamente adonde puedan llevarlas el poder del ejemplo de una vida santa (Juan 14:6). El era cien por ciento lo que enseñaba. S. Gordon dijo: "Jesús era lo que decía, antes de que hiciera; vivía lo que enseñaba; lo vivía antes de enseñarlo; y lo vivía más allá de lo que podía enseñar." Su ejemplo de vida le dio autoridad para enseñar e inspiraba confianza en sus oyentes, dos aspectos muy importantes para que la enseñanza no caiga en oídos sordos.

El Señor creyó que la enseñanza es una herramienta poderosa para transformar vidas, moldeando los ideales, las actitudes y la conducta. Jesús conocía la naturaleza humana, (San Juan 2:25) y fue este conocimiento el que lo capacitó para identificar las necesidades de sus oyentes. Jesús tenía un conocimiento íntimo y personal del Padre celestial y de las Escrituras. Él sabía que los maestros y maestras nutren a los alumnos de su abundancia, no de su vacío.

Jesús enseñaba tanto a individuos, como a grupos y a multitudes. Enseñó a gente de diversas razas, edad, sexo, religión, oficio y nivel social. En cada caso usó variedad de métodos de enseñanza aprovechando los recursos disponibles a su alrededor. El utilizó todas las metodologías que se usan en la actualidad: preguntas, historias, conversaciones, discusiones, dramatizaciones, objetos, proyectos y demostraciones. El seguía un procedimiento que hasta hoy usan los buenos maestros: su introducción era directa, sus ilustraciones apropiadas y sus aplicaciones relativas a las necesidades y preguntas de sus oyentes.

Como dijo J. M. Price: "Nunca hubo una persona mejor capacitada para su trabajo, que lo que Jesús estuvo para enseñar." Jesús era ante todo el Maestro, en ninguna ocasión dejó de enseñar.

Ebbie C. muestra algunos indicadores generales del don de Enseñar:
- Está comprometido con la verdad, relevancia y autoridad de la Biblia.
- Tiene autoridad para estudiar y prepararse para la tarea de enseñar.
- Enfatiza detalles que conducen a una interpretación correcta de las Escrituras.
- Tiene la habilidad de explicar y aplicar verdades bíblicas que contribuyen al crecimiento del Cuerpo de Cristo.
- Posee la voluntad y la habilidad de apoyar la verdad y enseñar esta verdad aún confrontando oposición.

El don de conocimiento

En esta sección se define el don de conocimiento

El don de conocimiento (del gr. ginosko) se refiere no al conocimiento intelectual, sino a la capacidad que viene de Dios para estudiar, investigar, recopilar información, analizar datos, aprender cosas de manera muy práctica y rápida para luego compartir esa enseñanza para el bienestar y el crecimiento de la iglesia. El conocimiento no está en contra de la fe, por el contrario, el conocimiento y la fe se relacionan y en forma conjunta dan bases para una fe firme. Se relaciona estrechamente al don de la enseñanza, la predicación y la escritura.

El don de conocimiento se aplica a varias funciones, como ser: escribir libros, investigar un área de la teología, investigaciones sobre la práctica ministerial o el crecimiento de la iglesia, sondeos sobre la problemática de la comunidad donde ministra la iglesia, entre otros.

Responsabilidades de la persona con el don de conocimiento

- Puesto que este don puede conducir al orgullo, mantenerse humilde.
- Priorizar y dirigir su estudio e investigación en asuntos que son de provecho para el avance y edificación de la iglesia.
- Esforzarse por transmitir sus conclusiones en forma clara y sencilla a la iglesia.

Lección 3 - Dones de enseñanza y predicación

Confirmación de don de conocimiento

• ¿Me gusta investigar un asunto hasta llegar al fondo de la verdad?

• ¿Tengo la paciencia y la dedicación para estudiar un problema hasta encontrar la mejor respuesta?

• ¿Si estoy en un grupo de personas tratando de resolver un problema soy uno de los primeros en proponer un plan para estudiar la mejor solución?

• ¿Me gusta que las personas vengan a mí en busca de respuestas?

Para estudio del don de conocimiento

1 Corintios 2:12-13
Efesios 1:17-19

Para estudio del don de profecía
Deuteronomio 13:1-6,
Deuteronomio 18-22
Hechos 13:1; 21:10-11
1 Corintios 14:29-38

• Ser cuidadoso, evitando menospreciar a las personas que no tienen su mismo nivel de conocimiento.

• Guiar a profesionales y eruditos a conocer a Jesucristo como salvador, usando como herramienta su área de especialidad.

Martín Lutero

Martín Lutero nació en Eisleben, Alemania en 1483 y falleció en Turingia, en 1546. Contrariando la voluntad de sus padres, Martín se hizo monje agustino en 1505 y comenzó a estudiar Teología en la Universidad de Wittenberg, en donde se doctoró en 1512.

Siendo ya profesor comenzó a cuestionar algunas prácticas de la Iglesia Católica Romana. Luego de dedicar años a la investigación de la Palabra, defendió las doctrinas del sacerdocio universal de los creyentes y de la salvación por la fe, ambas, posteriores pilares de la Reforma Protestante. Las críticas de Lutero reflejaban un clima bastante extendido de descontento por la corrupción en que habían caído los líderes de la Iglesia. Las protesta de Lutero fue subiendo de tono hasta que en 1517 decidió hacerla pública redactando 95 tesis que clavó a la puerta del castillo de Wittenberg.

El sacerdocio de todos los creyentes implicaba una relación personal directa del cristiano con Dios. Con ello despojaba a los líderes eclesiásticos, quienes se autoproclamaban los únicos mediadores entre Dios y los fieles y los únicos que podían tener acceso a la Palabra e interpretarla para el pueblo. También defendió el derecho de cualquier creyente a leer libremente la Biblia. Pero para que la gente pudiera leer la Biblia, ésta debía ser traducida de las lenguas originales (griego y latín) a los idiomas populares. Lutero mismo tradujo la Biblia al alemán, versión que aquel pueblo usó por muchos siglos. Martín Lutero es recordado como uno de los grandes reformadores de la Iglesia cristiana. (Woodbridge: 1998).

El don de profecía

En esta sección estudiaremos el don de profecía

La palabra profeta (en griego *prophetes*) en el tiempo de la Iglesia primitiva generalmente significó enseñar la Palabra de Dios. La tarea del profeta era ante todo edificar, consolar y dar aliento a los creyentes (1 Timoteo 4:13-14 y Hechos 13). Sus palabras no eran de igual autoridad que las Escrituras y si la contradecían, el profeta se consideraba falso y su mensaje era rechazado por la iglesia (1 Tesalonisences 5:9-21). En cuanto a los inconversos, su mensaje tenía el objeto de hacerles tomar conciencia de su pecado.

En cuanto a su semejanza con el ministerio profético del Antiguo Testamento, en 1 Corintios 13:8-9 el apóstol Pablo dice que el ministerio de profecía, como revelación directa de la mente de Dios, ha finalizado. Esto se debe a que en Cristo, Dios mismo reveló su voluntad para todos los seres humanos y esta voluntad está accesible para nosotros en su Palabra (vea también 2 Pedro 1:19).

Como conclusión podemos describir el don de profecía como una capacidad especial del Espíritu Santo para comunicar la voluntad de Dios, revelada en su Palabra, a la gente. Esta es la función que desempeñan hoy los predicadores y maestros.

Las responsabilidades/cualidades del cristiano con el don de profecía

- Estudiar en profundidad la Palabra de Dios.
- Mantenerse informado de los diferentes aspectos de la realidad.
- Animar, fortalecer y consolar a los hermanos (Hechos 15:32; 1 Corintios 14:3).
- Reflexionar sobre los sucesos contemporáneos a la luz de la Palabra.
- Conocer y utilizar los métodos para hablar en público.

Carlos H. Spurgeon

Carlos H. Spurgeon nació en 1834 en Kelveden, Inglaterra. Su abuelo y su padre fueron pastores y mineros de carbón. Desde niño su madre le inculcó el gusto por el estudio de la Palabra.

De adolescente se reveló contra Dios y no fue hasta los 16 años que aceptó a Cristo como Señor y Salvador. Sus primeros ministerios fueron maestro de niños, repartir tratados y visitar a los pobres. Muy temprano en la mañana estudiaba la Biblia y oraba; y en las noches luego de asistir a la escuela enseñaba la Palabra. A los 16 años se afilió a una organización de predicadores laicos y pronto fue apodado el "muchacho predicador". Predicaba en capillas, al aire libre, en poblados y casas.

A los 18 años (1852) se inició como pastor en Waterbeach, cerca de Cambridge. Su capilla era un antiguo granero. El primer domingo asistieron 12 personas, pero la iglesia fue creciendo gracias al esforzado trabajo de Carlos. Al año siguiente y para su sorpresa le invitaron a predicar en la iglesia de la calle New Park, una de las principales iglesias bautistas en Londres, cuya membresía era de 232 personas y tenía meses sin pastor. Esta iglesia había perdido asistencia consistentemente y el primer domingo que él predicó había 80 personas. La asistencia comenzó a crecer y siguieron invitándole hasta que en 1854 le pidieron que aceptara ser el pastor.

Cada domingo el templo se llenaba por completo y la gente que no entraba escuchaba la predicación desde las calles. El salón se fue ampliado una y otra vez, pero siempre faltaba espacio, por lo que alquilaban otros edificios. A los 23 años predicó en el auditorio más grande disponible donde asistieron 23.654 personas. Para fin del año 1891, en 37 años de ministerio pastoral había bautizado 14.460 personas y la membresía era de 5.311.

Spurgeon publicaba un sermón por semana desde 1855. Fundó también un seminario para pastores y estableció el orfanato Stockwell que albergaba a 500 niños en hogares, donde los niños eran distribuidos en grupos a cargo de un matrimonio.

Lección 3 - Dones de enseñanza y predicación

El don de profecía
El ministerio de los profetas se desarrolló en el tiempo del Antiguo Testamento. Su ministerio consistía en la "proclamación de los propósitos divinos de salvación y gloria dispuestos para el futuro con la venida del Mesías." El apóstol Pedro explica en 2 Pedro 2:1 que en la iglesia primitiva eran los maestros cristianos los que desempeñaban un ministerio similar al de los antiguos profetas. La diferencia es que el maestro se basaba en la Palabra escrita y el profeta lo hacía en la Palabra que Dios le hablaba en forma personal (Vine: 1999).

Confirmación del don de profecía
- ¿Tengo disciplina para el estudio de la Palabra?
- ¿Me gusta informarme de la realidad social, política, económica, etc.?
- ¿Me siento responsable de enseñar los principios bíblicos para poder tomar decisiones acertadas en asuntos cotidianos?
- ¿Cuando hablo la gente me presta atención?
- ¿Me gusta analizar las predicaciones de otros para descubrir errores y aciertos?

Carlos Spurgeon falleció el 31 de enero de 1892, a los 56 años de edad, luego de 40 años de ministerio. Sus sermones llegaron a más de 3.500. (Ruth I. Jay: 1984).

El don de discernimiento

Para estudio del don de discernimiento
1 Corintios 12:10
2 Corintios 11:14-15
Hechos 8:26; 10:3; 12:7-10; 16:16-18; 27:23-24
2 Pedro 2:1; 2 Corintios 11:14-15
2 Tesalonisences 2:9
Apocalipsis 16:14

En esta sección conoceremos sobre el don de discernimiento

El don de discernimiento consiste en una capacidad sobrenatural que viene de Dios para que su iglesia pueda distinguir las manifestaciones que vienen de Dios, de las que tienen origen humano o diabólico.

El don de discernimiento es muy necesario para los líderes en contextos donde se levantan tantas voces, que pretendiendo hablar en nombre de Dios, confunden a la gente y la desvían de la verdad. Satanás, enemigo de la Iglesia, intenta destruírla, desviarla de su santidad y de su misión por medio de engaños (Hechos 13:6-12) y en ocasiones se sirve de personas que enseñan doctrinas erróreas (1 Timoteo 4:1).

También se requiere este don para liberar a los afligidos, oprimidos y atormentados por Satanás (Hechos 16:16). Los cristianos con el don de discernimiento son los que oran por las personas endemoniadas para que sean liberadas.

Responsabilidades de un cristiano con el don de discernimiento

- Vivir una vida santa. Este ministerio no es para débiles espirituales o creyentes inmaduros.
- Evitar hacer juicios apresurados, sino probar los espíritus (1 Juan 4:1)
- Usar los criterios bíblicos para probar los espíritus (1 Juan 4:2,3; Santiago 3:14-17; 1 Corintios 12:3).
- Evitar los extremos de ver demonios en todas las personas que tienen problemas.
- Enseñar a las personas a hacerse responsables de sus actos, en lugar de echar la culpa de su conducta irresponsable a los demonios.
- No hacer un espectáculo de su ministerio, cuidando la reputación de la iglesia y de las personas involucradas.
- Debe saber evangelizar y discipular a una persona que ha sido liberada.
- Debe conocer los medios que usa Satanás en su contexto para esclavizar a las personas.
- Este es un ministerio que requiere mucha preparación en oración y ayuno.

Pedro y Pablo

Varios de los apóstoles tenían este don. Pedro, por ejemplo, notó la hipocresía de Ananías y Safira, quienes mintieron a la iglesia afirmando que habían traído como ofrenda todo el dinero obtenido de la venta de una propiedad. Cuando Pedro les descubre frente a la congregación ambos cayeron muertos (Hechos 5:1-11).

En otra ocasión Pedro descubrió las malas intenciones que había en Simón, el mago quién ofreció dinero a los apóstoles con la intención de "comprar" el poder que ellos tenían del Espíritu Santo para sanar a los enfermos (Hechos 8:18-25ss).

Pablo también tenía este don, el cual le fue útil para detectar las intenciones maliciosas de Barjesús o Elimas, un mago judío de Chipre, consejero del procónsul de esta isla, quien era un falso profeta. Este hombre discutía con Pablo de tal manera que dificultaba que el procónsul -quien tenía mucho interés en el evangelio- aceptara el mensaje (Hechos 13:10). El procónsul creyó el mensaje de Pablo luego de que él reprende al mago y éste queda ciego. En otra oportunidad, estando Pablo en Filipos, le salió al encuentro una muchacha que era explotada por otros que sacaban provecho de un "espíritu de adivinación" que la tenía poseída. Ella corría detrás de Pablo y sus acompañantes por varios días gritando que ellos eran siervos del Dios Altísimo. Finalmente Pablo mandó en el nombre de Jesucristo al espíritu que saliera de ella y la joven fue liberada. Los hombres que la explotaban los denunciaron y ellos fueron a la cárcel hasta que fueron liberados milagrosamente (Hechos 16:11-40).

¿Cómo puedo saber si tengo el don de discernimiento?

- Siento compasión por las personas esclavas de la maldad.
- Tengo más facilidad que otros para distinguir cuando algo no proviene de Dios.
- En ocasiones puedo reconocer a un farsante espiritual (hipócrita).
- Las personas me piden consejo para distinguir lo bueno de lo malo.

¿Qué Aprendimos?

Los dones de enseñanza, de sabiduría, de conocimiento y de profecía son fundamentales para guiar a los cristianos en su crecimiento integral.

Varios de estos dones por lo general vienen juntos y son complementarios. El don de profecía se relaciona a la capacidad de predicar con destreza la Palabra de Dios y aplicarla al diario vivir.

Lección 3 - Dones de enseñanza y predicación

Actividades

Tiempo 20'

INSTRUCCIONES:

1. Menciona alguna de las cualidades de algún maestro o maestra cristiana que haya sido de influencia positiva en su vida.
_____
_____

2. En 1ra de Corintios 12:8 se menciona el don de conocimiento. Da ejemplos de cómo puede ser utilizado este don en la iglesia.
_____
_____
_____
_____

3. ¿Cuáles son los peligros de entender el don de profecía como la habilidad de predecir acontecimientos? ¿Qué advertencia hace al respecto Jesús a sus discípulos en Mateo 7:15-23 y 24:11, 23-24?
_____
_____
_____
_____

4. Mencione 3 ejemplos en donde se requiere aplicar el don de sabiduría.
_____
_____
_____

5. Los alumnos se dividen en dos grupos.

Un grupo reúne a los que creen tener dones de enseñanza y conocimiento. Sus integrantes escribirán una lista de consejos o recomendaciones para los predicadores y los que tienen el don de discernimiento.

En el otro grupo se reúnen los que creen tener dones de profecía y discernimiento. Su tarea será escribir una lista de consejos o recomendaciones para los maestros cristianos.

Luego de tres minutos cada grupo presenta al otro sus consejos.
_____
_____
_____
_____
_____

Lección 4

Dones relativos al evangelismo y la consejería espiritual

Objetivos

- Definir los dones de evangelismo, fe, milagros, sanidad, intercesión y exhortación (consejería espiritual).
- Identificar las responsabilidades que estos dones conllevan.

Ideas Principales

- El don de exhortación tiene el propósito de equipar a los consejeros espirituales para alentar, consolar y amonestar a otras personas.
- Los dones de evangelismo, fe, milagros, sanidad e intercesión son indispensables para ganar a otros para Cristo.

Introducción

Evangelismo, fe, oración intercesora y milagros, son dones relacionados al ministerio de ganar a otros para Cristo. Algunos de estos dones tienen que ver con la habilidad y la pasión de compartir el mensaje de salvación con otras personas, otros se relacionan a las señales milagrosas que llevan a muchos incrédulos a creer y entregar su vida a Jesucristo. Por último, estudiaremos el don de exhortación, que en la iglesia de nuestros tiempos se relaciona al ministerio de consejería espiritual.

El don de evangelismo

Para estudio del don de evangelismo:
Hechos 14:13-21
Romanos 10:14-15
Efesios 4:11

En esta sección estudiaremos el don de evangelismo

Aunque todos los discípulos de Jesús tenemos la responsabilidad de compartir con otros nuestro testimonio, algunos cristianos reciben una pasión y habilidad especial del Espíritu Santo para llevar a otros a reconciliarse con Dios. Este don se distingue por un sentimiento de urgencia en cuanto a comunicar el evangelio a todos cuantos puedan. Para estas personas evangelizar y discipular a otros, con la práctica y el entrenamiento, llega a ser tan normal como respirar. Se ha calculado que al menos un diez por ciento de los cristianos comprometidos tiene este don.

Las responsabilidades del evangelista

Confirmación del don de evangelismo
- ¿Siento gran carga de oración (más que otros cristianos) por los que se pierden?
- ¿Me da tristeza las personas y familias que sufren como consecuencia de sus hábitos pecaminosos?
- ¿Cuando alguien acepta a Cristo como Salvador es uno de los momentos más felices de mi vida?
- ¿Me siento impulsado en todo tiempo y en todo lugar a iniciar conversación con desconocidos para dar testimonio de lo que Cristo ha hecho en mí?
- ¿Me gusta presentar el mensaje de salvación de manera sencilla, creativa y en un lenguaje contemporáneo?

- Dejar que el Espíritu le muestre a quién testificar (Hechos 8:5-6; 26-40).
- Estar abierto a hablar con toda clase de personas.
- No sentirse superior espiritualmente a los demás hermanos.
- Aprender a presentar el plan de salvación y guiar a otros en su conversión.
- Su vida es un testimonio de santidad que otros pueden imitar.
- Trabajar en equipo con sus pastores y los discipuladores de su iglesia.
- Entrenar a otros que tienen el mismo don.
- Orar por los incrédulos para que el Espíritu prepare sus corazones.

Bill Bright

Bill Bright (1921-2003) nació en Oklahoma, Estados Unidos. Fue empresario hasta que en 1944 se convirtió en la Primera Iglesia Presbiteriana de Hollywood, California. A partir de entonces comenzó sus estudios bíblicos. Fue en el Seminario Fuller que sintió un llamado personal de Dios para ayudar a cumplir con la Gran Comisión (Mateo 28:19). Desde entonces comenzó a evangelizar a los universitarios en la prestigiosa universidad UCLA y el movimiento Cruzada estudiantil y profesional para Cristo, el cual lideró junto a su esposa Vonette. En la actualidad este movimiento involucra a 27.000 trabajadores de tiempo completo y más de 225.000 voluntarios, en 190 países.

En cierta ocasión tomó un avión y antes de que levantara vuelo ya había llevado a Cristo a la persona que estaba sentada a su izquierda. Luego, durante el viaje, evangelizó a quien estaba en el asiento de la derecha. Bill tenía un don especial para llevar a las personas a entregar sus vidas a Jesús y aceptarle como su Señor y Salvador.

Bill obtuvo varios doctorados y el premio Templeton que se otorga a personas que han contribuido al avance del evangelio. Escribió más de 100 libros, incluyendo el difundido método de evangelización "Cuatro leyes espirituales" y en 1956 produjo la película Jesús.

Para estudio del don de fe
Josué 10:12-14
Mateo: 8:5-13; 17:20; 21:18-22
Marcos 4:37-40
S. Juan 11:41-44
Romanos 4:18-21
1 de Corintios 12:9
Santiago: 1:5-8.
Hebreos 11:1-40

El don de fe

En esta sección estudiaremos el don de fe

El don de fe es la capacidad de poner la confianza en el Dios Todopoderoso para satisfacer en forma milagrosa necesidades reales con la firme seguridad de que se recibirá respuesta. No es una fe irracional, sino una que se basa en sus promesas, en el conocimiento de su amor, y en la convicción de que como personas y como iglesia estamos sirviendo conforme a su plan y pedimos conforme a su voluntad (Mateo 17:20). Los cristianos con el don de fe tienen la capacidad de animar a otros a confiar y esperar la provisión divina en una situación determinada.

Responsabilidades de un cristiano/a con el don de fe

- Tomar tiempo para escuchar y animar a otros.
- Orar por otras personas que tienen necesidades.
- Animar a los líderes de la iglesia cuando pasan por desánimo.
- Si es un líder, poner cuidado en no confundir la fe, con sueños personales
- Ser conciente de que no todos tienen este don.
- Aprender cómo enseñar a otros a desarrollar su fe.

Confirmación del don de fe
- ¿Soy naturalmente una persona motivadora?
- ¿Cuando otros se desmotivan a mi alrededor, sigo teniendo confianza en que Dios está en control de la situación y que nos mostrará la salida?
- ¿Disfruto animando a los hermanos cuando están en necesidad?
- ¿Cuando oro generalmente pienso que Dios obrará en respuesta?
- ¿No tengo temor de pedir a Dios que haga cosas "difíciles", pues estoy seguro de que no hay nada difícil para Dios?

Lección 4 - Dones relativos al evangelismo y la consejería espiritual

Loida Morejón

La hermana Loida Morejón es una líder nazarena del Caribe. En una ocasión, siendo su padre Andrés Morejón superintendente de distrito, ocurrió un hecho dónde Loida demostró su don de fe. Durante la celebración de la asamblea distrital, habían arribado a las instalaciones del Seminario en la capital cientos de hermanos y hermanas nazarenos de toda la isla. Loida estaba encargada de brindar almuerzo a todos ellos.

Al llegar la hora de la comida viendo que la multitud de personas que había en la fila había superado todas sus expectativas su padre se acercó a la cocina y preocupado preguntó: "Hija, ¿qué vamos a hacer? es evidente que la comida no va a alcanzar para todos" Mirando a su padre Loida con firmeza respondió: "Papá, el mismo Jesús que multiplicó los panes y los peces está aquí hoy, y él se encargará de multiplicar esta comida." Con mucho amor Loida y sus ayudantes sirvieron la comida mientras la fila avanzaba. Uno a uno recibieron su plato y hasta los cocineros y líderes comieron. Loida testifica: "¡Dios multiplicó la comida ese día, pero eso sí, cuando se terminó de servir el último plato, no quedaba ni para raspar la olla!

Para estudio del don de milagros
Marcos 2:1-12;
Hechos 3:1-8; 14:8-10;
Santiago 5: 4-16;
Éxodo 14:21-31;
Hechos 12
2 Reyes 4:1-7
San Juan 2:1-11
Lucas 9:16-17
Romanos 15:17-20

El don de actos milagrosos y de sanidad

En esta sección conoceremos más sobre los dones de actos milagrosos y sanidad

Los milagros son actos en los que Dios interviene en momentos de crisis donde nuestros recursos se agotan. Un milagro es un hecho que no puede explicarse generalmente por las leyes naturales, pero que sucede en el momento justo y como respuesta a la oración de los cristianos. Los milagros ocurren para dar testimonio del amor y el cuidado que Dios tiene para los seres humanos. El don de sanidad es el deseo y la habilidad de ministrar salud a la vida de las personas ya sea espiritual, emocional o física. La sanidad ocurre a veces en un instante, otras en forma progresiva y otras como resultado de los cuidados y el tratamiento provisto al enfermo.

Responsabilidades del cristiano con el don de actos milagrosos y de sanidad

Confirmación don de milagros y sanidad
- ¿Siento compasión por los enfermos?
- ¿Tengo confianza en el poder sobrenatural de Dios?
- ¿Me siento cómodo visitando, consolando y orando por los enfermos?
- ¿Hay ocasiones en que han ocurrido milagros y sanidades como respuesta a mi oración?
- ¿Una de las alegrías más grandes de mi vida es cuando alguien es sanado o un milagro ocurre en respuesta a mi oración?

- Involucrarse en los cultos con énfasis en la oración por los enfermos.
- Involucrarse en vigilias de oración por las necesidades de la congregación o de la comunidad.
- Llevar un cuaderno con necesidades de oración de las personas.
- Visitar, animar y orar por los enfermos en sus casas o en hospitales.
- Dar en todos los casos, la gloria a Dios por el milagro y la sanidad.
- Enseñar a otros este ministerio.

Rosalino Santiago Pineda

Rosalino Santiago Pineda ha sido pastor laico de la iglesia del Nazareno en Juchitán Oaxaca, desde hace algunos años. Una de sus hijas Noemí, relata la siguiente historia:

Rosalino es una persona de fe que ora por los enfermos y Dios les sana. Su iglesia local ha crecido mucho, en parte, debido a los testimonios de sanidades. Pero lo más hermoso, es la influencia que su fe ha tenido en la vida de sus nietos. Ellos han aprendido a confiar en Dios para todas sus dolencias, viendo el ejemplo de su abuelo. En innumerables ocasiones en que ellos como niños han enfermado, oran con fe por su sanidad y también lo hacen cuando enferman sus mascotas.

Para estudio del don de sanidad
Marcos 1:29-31
Marcos 3:1-5
Hechos 5:12-16; 8:6-7; 14:8-15

En una ocasión su perrito llamado Lupo, fue atropellado accidentalmente por un automóvil. Cuando los niños regresaron de la escuela lo vieron herido y sin poder caminar, entonces lloraron y se entristecieron mucho. Luego y sin decir una palabra, se arrojaron al piso y oraron con una fe enorme, por su mascota. Para sorpresa de los adultos presentes de la familia, -algo incrédulos a decir verdad- horas después el perro ya estaba recuperado y caminando.

Este es un sencillo ejemplo de cómo los niños aprenden pedir con fe a Dios para que obre sanidad. Estos niños lo practican cada vez que se les presenta la oportunidad para orar por otros y la sanidad sucede.

El don de oración intercesora

En esta sección se estudia la oración apasionada por las necesidades de otros

Aunque orar por otros es responsabilidad de todos los cristianos, algunos creyentes tienen este don de intercesión, el cual se muestra en el deseo y la disciplina para dedicar tiempo para orar por las necesidades de otras personas, más allá de lo que los cristianos normalmente hacen.

Las responsabilidades de un intercesor/a

- Identificarse con la persona por quién ora. Se sumerge en sus necesidades y sufrimientos (2 Corintios 5:21).
- Su oración por otros es como un ruego, así como un abogado que ruega por la vida de otros (Hebreos 7:25).
- Sentir en su corazón el dolor del Señor por estas personas que sufren.
- Renunciar a los placeres y comodidad física para apartar tiempo a la oración y al ayuno.
- Orar por los que no son salvos con una lista de nombres.
- Acercarse a los que sufren en su iglesia y comunidad.
- Informarse de las necesidades de los misioneros alrededor del mundo.

Confirmación del don de oración intercesora
- ¿Me siento motivado a apartarme en soledad por un tiempo para orar por otras personas?
- ¿Es natural para mí poner las necesidades de otros antes que las mías cuando oro?
- ¿Me siento feliz de ser parte de lo que Dios está haciendo en otros lugares, por medio de la oración?
- ¿Las personas me piden que ore por sus necesidades?
- ¿Me gustaría orar por alguna necesidad durante varios meses hasta recibir la respuesta?
- ¿Me gustaría identificarme con los que sufren privándome de algunas comodidades para orar con más propiedad por ellos?

Rees Howells

Rees Howells nació en Gales en el año 1879 y vivió durante la segunda guerra mundial. Ress comenzó orando intensamente durante meses seguidos por una sola persona, hasta que recibiese la contestación. Luego comenzó a interceder por las naciones del mundo, y por los misioneros.

El Señor Howells aprendió a dejarse guiar por la voz del Espíritu Santo indicándole por quién debía orar. Rees pensaba que era indispensable mientras oraba identificarse con esa persona. En una ocasión pasó cuatro meses orando por los niños desamparados de India y no comió pan, ni té, ni azúcar, sólo se alimentó de un potaje cada dos días y dormía en el suelo. Oraba todo el dia desde las cinco de la mañana. En otra ocasión se aisló durante diez meses y oró acerca de comenzar un seminario en Swansea, Gales del Sur. Oraba desde las seis de la mañana hasta la cinco de la tarde y comía una vez al día.

Ress dijo acerca de este ministerio: "Dios busca a intercesores, pero raramente los halla. Esto se manifiesta en la pena expresada en la exclamación hecha por medio de Isaías 59:16 y Ezequiel 22:30." "Quizás algunos creyentes describen a la intercesión como una forma de oración intensa. Y sí lo es. Se pone mucho énfasis en la palabra 'intensa', porque hay tres elementos de la intercesión que no se hallan en la oración ordinaria: identificación, agonía y autoridad." (Adaptado de: Cómo oraban. Tomo 2. Oraciones de ministros).

Para estudio del don de oración intercesora
Daniel 6:11-12; 9:1-4
Lucas 11:1-13
Colosenses 4:12-13
1 Timoteo 2: 1-4
Santiago 5:15-18
Hebreos 8:1

El don de exhortación o consejería espiritual

En esta sección estudiaremos el don de exhortación

La palabra que que se traduce exhortación viene del griego es parakaleo que significa: "rogar; insistir; alentar; infundir ánimo; suplicar; pedir; consolar; confortar; animar (Hechos 20:1-2). El don de exhortación es la capacidad que el Espíritu Santo concede a algunos de sus hijos o hijas para alentar, amonestar, aconsejar y consolar a otras personas, o convencerlas para que hagan o dejen de hacer alguna cosa.

Responsabilidades de las personas con el don de exhortación

- Exhortar a aquellos que están enfriándose espiritualmente (Hebreos 3:13).
- Visitar y animar a quienes se ausentan a los cultos de la Iglesia (Hebreos 10:24-25).
- Animar a los que dudan en su compromiso con Cristo (1 Tesalo-nicenses 2:11-12).
- Consolar a los que están tristes y amonestar con amor y delicadeza.

Para estudio del don de exhortación
Juan 4:1-42
Hechos 14: 21-22
Romanos 12:6-8
2 Corintios 1:3-7
1 Tesalonisences 2:11; 5:14
1 Timoteo 5:1

- Aconsejar sobre cómo conducirse en problemas familiares o de relaciones interpersonales en la iglesia.
- Orientar con base en los principios bíblicos.
- Siempre confiar en la guía del Espíritu en todo el proceso.

James Clayton Dobson

El doctor James C. Dobson nació en Louisiana, Estados Unidos en 1936 y es miembro de la Iglesia del Nazareno. Desde pequeño "Jim" acompañó a sus padres en su recorrido por el país predicando el evangelio. Entregó su vida a Jesús a los 3 años de edad luego de una predicación de su padre. Se casó en 1960 y tiene dos hijos, Danae y Ryan.

Desde joven supo que su vocación y su pasión era ayudar a las familias a vivir en los principios bíblicos, por ello decidió convertirse en consejero cristiano. Estudió psicología en Point Loma Nazarene University, y obtuvo un doctorado en Desarrollo infantil en la University of Southern California en 1967. En el año 1977 fundó la organización Focus on the Family (Enfoque a la Familia). Esta tiene un programa radial que se transmite en más de doce idiomas, en más de 7.000 estaciones de radio, alcanzando a 220 millones de personas en un total de 164 países.

Dobson es escritor y conferencista. Ha trabajado en muchos comités del gobierno hablando a favor de la familia, el matrimonio "tradicional" (hombre-mujer) y de los derechos de la mujer, la maternidad, los niños, entre otros. Ha recibido multitud de premios y reconocimientos. La revista Christianity Today lo nombró recientemente "el líder evangélico estadounidense más influyente".

Confirmación del don de exhortación
- ¿Me han agradecido por palabras de ánimo y motivación?
- ¿El animar y motivar a los demás me resulta natural?
- ¿Las personas me buscan para contarme sus problemas?
- ¿Siento dolor por la infelicidad de mis hermanos y hermanas y deseo hacer algo al respecto?
- ¿No temo confrontar a otra persona cuando es necesario?
- ¿Tengo habilidad para interceder cuando hay conflicto entre dos o más personas?

¿Qué Aprendimos?

En esta lección estudiamos la importancia de los dones de evangelismo, fe, milagros, sanidad, oración intercesora y exhortación.

Estos dones son fundamentales para que la iglesia pueda hacer un impacto en el mundo y conducir a los pecadores a la salvación. El don exhortación es imprescindible para aquellos que sirven como consejeros espirituales.

Lección 4 - Dones relativos al evangelismo y la consejería espiritual

Actividades

Tiempo 20'

INSTRUCCIONES:

La siguiente es una actividad en la que todos los alumnos del curso trabajan juntos para resolver el supuesto problema que puede darse en una iglesia local.

1. El problema a resolver:

   Nuestra iglesia tiene planeado hacer un impacto a la comunidad por medio de variadas actividades evangelísticas durante Semana Santa. Se necesita organizar a las personas con dones y ministerios de evangelismo, fe, milagros, sanidad, oración intercesora y exhortación en comités de trabajo, a fin de cubrir todas las áreas que requiere la evangelización responsable, el cuidado espiritual y la incorporación de los nuevos creyentes en grupos de discipulado.

2. El plan a diseñar:

a) Deberá incluir a todos los dones estudiados en esta lección.

b) Durante 5 minutos, toda la clase trabajará para determinar tres a cinco objetivos generales para estas actividades evangelísticas. Por ejemplo:

   1. Visitar a 100 hogares de la comunidad, para hacer tarjetas con los datos de quienes viven en cada casa y recoger sus peticiones de oración.
   2. Orar durante 20 días por estas personas y sus necesidades.
   3. Visitar nuevamente a cada familia al cabo de los 20 días para ver como están, si hay respuesta a la oración e invitarles a una actividad especial.
   4. Luego de la actividad cuidar de los nuevos discípulos.
   5. Dar seguimiento a los otros interesados.

c) Durante otros 5 minutos los alumnos se dividen en comités de trabajo según sus dones. Cada grupo elaborará una lista de sus responsabilidades y de las tareas que harán para alcanzar dichos objetivos.

d) Finalmente cada comité informará sobre lo que ha trabajado al resto de la clase. Cada grupo escogerá a un presentador quien tendrá 1 minuto para hablar.

Lección 5

Dones de compasión y servicio

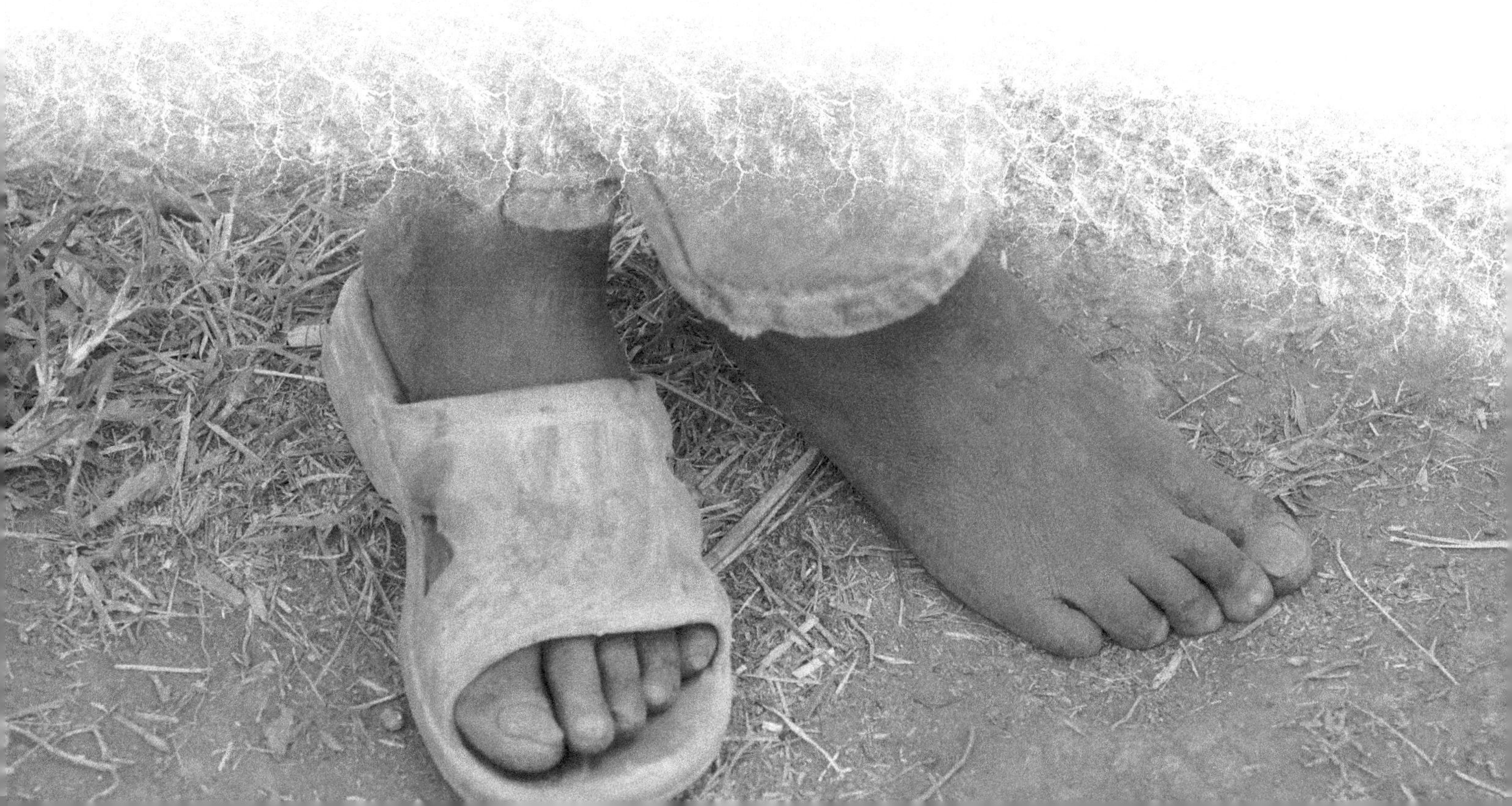

Objetivos
- Definir los dones de compasión, ayuda, hospitalidad, servicio y generosidad.
- Identificar las responsabilidades que estos dones conllevan.

Ideas Principales
- Los dones de compasión y servicio ayudan a la iglesia a cumplir con su responsabilidad social.
- Estos dones fueron esenciales en el ministerio de Jesús y la Iglesia primitiva.
- Quienes tienen estos dones sirven a otros según su necesidad.

Introducción

En toda la Biblia se da por sentada la responsabilidad del cristiano de cuidar al que sufre, al extranjero y a los necesitados. El servicio al prójimo de forma desinteresada es una de las cualidades de una iglesia saludable que refleja al mundo el amor compasivo de su Señor. Sin embargo, como veremos en esta lección, Dios pone en el corazón de algunos de sus hijos una pasión singular por ayudar a quienes están en necesidad, dándole dones de compasión, servicio, ayuda, hospitalidad y generosidad.

El don de compasión

En esta sección estudiaremos el don de compasión

Para estudio del don de compasión
Mateo 25:37-40
Lucas 10:25-37
Hechos 9:36-42
Romanos 12:4-8
Santiago 1:27; 2:14-17

El don de compasión se evidencia en el deseo y la sensibilidad de asistir a otros, especialmente aquellos que están enfrentando crisis o dificultades que no pueden resolver por sí mismos, y de involucrarse activamente poniendo el hombro, consolando y ayudando a estas personas con alegría (Mateo 15:32; 18:33).

Responsabilidades de la persona con el don de compasión

- Responder a las necesidades manifiestas de los creyentes y de la comunidad.
- Participar en equipos de trabajo para asistir en desastres o catástrofes naturales.
- Ofrendar para el fondo para Hambre y Desastres en el mundo de la Iglesia del Nazareno.
- Involucrarse activamente en los Ministerios Nazarenos de Compasión.
- Motivar a otros a contribuir con su tiempo, dinero y talentos en los proyectos compasivos de la iglesia local.
- Enseñar a personas en la iglesia y en la comunidad sobre como mejorar la higiene, la nutrición, la seguridad, etc.

- Identificar necesidades de la comunidad y organizar un plan de trabajo vecinal para suplirlas.

Judy Marisol de Arenas

Judy Marisol de Arenas nació en el año de 1965 en Panamá y se convirtió siendo adolescente. Mientras ella cursaba estudios pastorales en el Seminario Nazareno de las Américas recibió de parte de Dios la visión de plantar una iglesia en el lugar más pobre de Panamá, como parte de su práctica ministerial.

Fue así, que por el año 2002, comenzó una misión en "El Vertedero", situado en las afueras de la ciudad de Chorrera. Este es un lugar donde llegan grandes camiones a descargar la basura de la capital de Panamá. No es agradable respirar allí, hay muchas moscas, ratas, y aves carroñeras volando.

Allí Marisol encontró familias completas que subsistían de lo que podían encontrar en las montañas de desechos, de lo cual se alimentaban. Vivían en casas muy precarias construídas con esos mismos materiales que también vendían. Su vida no era nada fácil, y a duras penas podían comer algo cada día. Los niños no recibían educación y todos estaban siempre expuestos a enfermedades.

Marisol junto a otros hermanos se valió de variados recursos para llevar ayuda y evangelizar a estas familias: el cubo evangelístico, la película Jesús, cajas de comida, charlas sobre nutrición y salud, entre otros. Pronto ya tenían unas 70 personas asistiendo a las actividades de la Iglesia.

En pocos años Marisol consiguió ayuda del gobierno para construir nuevas viviendas y reubicar a estas familias, en Playa Chiquita. También cuentan hoy con una escuela para sus hijos, agua potable, luz eléctrica y tienen su templo donde se reúnen unas 100 personas en la Iglesia del Nazareno "Luz de Esperanza".

Confirmación del don de compasión
- ¿Cuando veo la necesidad de alguien me mueve el deseo de hacer algo?
- ¿Me gozo invirtiendo mi tiempo en ayudar a otros?
- ¿Me gusta involucrarme en el ministerio de compasión de mi iglesia?
- ¿Tengo la habilidad de identificar recursos donde otros no ven ninguno?
- ¿Tengo la habilidad de ayudar a otros a administrar los recursos disponibles?
- ¿Me resulta cómodo pedir contribuciones para cubrir necesidades de otros?

Dones de servicio y de ayuda

En esta sección estudiaremos el don de servicio y de ayuda

Los dones de servicio y ayuda son similares. Uno se enfoca en necesidades de personas o instituciones y el otro en apoyar a líderes que sirven en algún ministerio. Se distinguen por el deseo y la habilidad de identificar las necesidades y satisfacerlas.

Las personas con estos dones poseen una actitud permanente de servicio y desean invertir su tiempo y su talento solucionando necesidades en la iglesia y en la comunidad. En todos los ministerios se necesitan personas con este don. Estas personas reciben una capacidad especial para aprovechar los recursos disponibles y proveer soluciones a las necesidades (Hechos 6:1).

Pasajes para estudio del don de ayuda o servicio

Lucas 10:38-42
Lucas 22:24-27
Mateo 25:35
1 Pedro 4:9-10
Hebreos 13:1-2.

Ejemplo de ministerios de servicio son: trabajo con ancianos, huérfanos, viudas, madres solas, cuidado de niños de madres que trabajan, entre otros. Ejemplos del don de ayuda son: cocinar, transportar, acomodar, ocuparse de labores de limpieza o mantenimiento de edificios, servir de anfitriones, entre otros.

Responsabilidad de los cristianos con el don de servicio y de ayuda

- Servir con amor sin quejarse por el servicio que presta.
- Ser cuidadosa/o, evitando usar el servicio para ganarse la admiración de los demás.
- Tener un balance entre servicio y su tiempo devocional (Lucas 10:38-42)
- Evitar caer en un activismo agotador y sin sentido.
- Servir a otros sin descuidar las necesidades de su propia familia.
- Servir a otros como lo haría con Jesús mismo.

La Madre Teresa de Calcuta (1910-1997)

Agnes Gonscha Boyaxhiu, más conocida como madre Teresa, nació en Albania, Yugoslavia en 1910. Agnes escuchaba las historias de la infelicidad de la gente de la India de boca de los misioneros, lo que conmovió su corazón. A los 12 años ya sabía que quería ser misionera en India.

A los 18 años estudió inglés y viajó a India como misionera. Allí trabajó en un convento de la Iglesia Católica Romana donde se daban clases a niños ingleses e indios de familias pudientes. Agnes se dedicó a aprender dos idiomas locales: el bengalí y el hindi, al mismo tiempo que salía a las calles a dar clases a los niños pobres. A los 38 años, abandonó el convento donde había servido por 20 años, para dedicarse a asistir a los pobres en las calles de la ciudad de Calcuta, sin apoyo oficial o económico de su iglesia.

Luego de tomar un corto curso de medicina en Patna, adopta un zari blanco (vestido típico de las mujeres indias) con bordes azules, alquila una cabaña en un barrio marginal de Calcuta y se dedica a enseñar a los niños pobres. Al mismo tiempo baña a los niños y a los enfermos y comparte comida con ellos. Sus vecinos indios viendo su esfuerzo le obsequiaron algunos muebles, medicinas y útiles para el estudio. A los dos meses atendía ya a 56 niños.

Pero ella fue más allá. Se internó en el barrio más pobre de la ciudad, Tijalba, cuyas calles estaban pobladas de leprosos abandonados por sus familias. Desde entonces comenzó su lucha para crear un lugar dónde los enfermos terminales pudieran morir en paz. Mientras tanto, muchos voluntarios se sumaban a su labor. Al fin consiguió dos grandes bodegas, cercanas al Templo de la diosa Kali, y le puso por nombre La Casa del Moribundo. Allí se atendían a personas de todas las religiones. Pronto el lugar se llenó de niños y enfermos, de manera que el espacio y los recursos

---

Confirmación del don de ayuda o servicio
- ¿Me identifico fácilmente con las necesidades de otros?
- ¿Tengo un deseo genuino para servir a otros?
- ¿Siento satisfacción y regocijo cuando sirvo a otros?
- ¿No demoro en ayudar a alguien, aún cuando me cueste sacrificio?
- ¿Me gusta proveer descanso a los líderes ocupándome de los detalles?
- ¿Me gusta trabajar "detrás de escena"?

se hicieron escasos. Teresa buscó ayuda de todos cuantos pudo para continuar asistiendo a estas personas necesitadas.

Gracias a su ejemplo e influencia se fundaron en muchas ciudades del mundo centros de asistencia a los enfermos de SIDA y otras enfermedades. La madre Teresa recibió el premio Nobel de la paz en 1979. Falleció de un ataque al corazón a los 87 años de edad. Ella dijo: "Cada obra de amor, llevada a cabo con todo el corazón, siempre logrará acercar a la gente a Dios." (Pellini, Claudio. 17-12-2009)

Pasajes para estudio don de hospitalidad

Romanos 12:3
1 Timoteo 5:10
Hebreos 13:21
Pedro 4:9

El don de hospitalidad

En esta sección aprenderemos en qué consiste el don de hospitalidad

El don de hospitalidad es la capacidad de recibir y albergar a las personas y hacerlas sentir bienvenidas y cómodas, especialmente aquellas que tienen necesidades físicas de alimento y alojamiento o espirituales. Las personas con el don de hospitalidad tienen facilidad de hacer amigos y de esta manera por medio de su testimonio ganarles para Cristo. Este es un don indispensable para aquellos que son anfitriones de reuniones en sus hogares. La hospitalidad incluye a los amigos (Proverbios 27:10), hermanos cristianos (Gálatas 6:10), y desconocidos aún no cristianos (Levítico 19:33-34).

Responsabilidades de las personas con el don de hospitalidad

- Abrir su hogar para dar alojamiento y alimento a personas que lo necesitan.
- Planificar la decoración y distribución del hogar de manera que sea confortable para albergar visitas.
- Invitar a otros a comer o a tomar café.
- Si no puede albergar personas en casa, contribuir económicamente para proveer alojamiento.
- No gastarse tanto para servir a los demás que descuide su propia familia.
- No confundir la hospitalidad cristiana con únicamente ser amigable y social.

Frank y Barbara Eby

Frank y Barbara Eby llegaron a Vietnam como misioneros voluntarios para enseñar inglés en las afueras de la ciudad de Ho Chi Minch, el 12 de junio de 1994. Pero su amor por la gente de Asia Nororiental había nacido muchos años antes mientras trabajaron durante años con miles de refugiados asiáticos en la Primera Iglesia del Nazareno en Tampa, Florida, ayudándoles a establecerse en los Estados Unidos.

Confirmación del don de hospitalidad
- ¿La gente disfruta mi compañía?
- ¿Busco a visitantes o personas solas en los servicios de la iglesia para hacerlos sentir bienvenidos?
- ¿No me cuesta trabajo conversar con una persona por primera vez y entablar una amistad nueva?
- ¿Difruto ayudando a otros sentirse "en casa" y bien atendidos?
- ¿Siento satisfacción profunda cuando abro mi casa a visitantes?
- ¿Me gusta planificar actividades o eventos en que otros se sienten bien?
- ¿Cuando recibo a alguien en mi casa no me da preocupación, ni me causa estrés?
- ¿Me alegro cuando llegan a casa visitas inesperadas?

Lección 5 - Dones de compasión y servicio

Mientras trabajaban con estas familias vietnamitas su familia abrió las puertas de su casa para recibir a estas personas de manera que ellos pudieran sentirse cómodos. Ellos compartieron con los inmigrantes no sólo su casa, sino también su dinero, su tiempo, y su talento. Además Frank logró fundar una iglesia nazarena con estos inmigrantes.

Frank y Barbara vendieron su casa y dejaron todo atrás en su país de origen, incluyendo su familia y sus amigos para trabajar haciendo discípulos en Vietnam.

Esta misma pasión fue despertada en el corazón de su hija, Beverly Wood. Ella describe de esta manera la generosidad de sus padres: "Mis padres nunca serían personas de éxito ante los ojos del mundo, porque ellos ven la vida a través de los ojos de Cristo y hacen todo lo que pueden para sanar a los heridos que les rodean. Sus trofeos nunca serán las cosas materiales sino los eternos." (Adaptado de El Heraldo de Santidad, Vol. 5, Nro. 139, Enero-Febrero 1996).

¿Como saber si tengo el don de generosidad?
- Considero el dar dinero para la obra de la iglesia un privilegio más que un deber.
- Cuando doy una ofrenda para las misiones siempre me aseguro de que dar lo más que puedo.
- Cuando hay un hermano en necesidad trato de proveer lo que necesita.
- Cuando pongo mi diezmo doy más que el mínimo y me esfuerzo para dar buenas ofrendas

El don de generosidad

En esta sección aprenderemos sobre el don de dar con liberalidad

El don de generosidad se nota en el deseo y la habilidad de contribuir con bienes materiales para las necesidades de otras personas o de la obra del Señor. El don de generosidad se nota en la disposición especial de dar no solamente bienes materiales sino también de nuestro tiempo, talento y la propia vida para cumplir la voluntad de Dios, sin esperar nada a cambio.

La generosidad es una práctica que poco a poco se ha ido perdiendo entre los cristianos, debido a que en este tiempo se piensa que nadie da algo sin obtener una ganancia para sí. Cuando alguien da algo por nada, somos propensos a pensar que hay una intención detrás. Nos hemos acostumbrando a no esperar que alguien nos dará algo por simple generosidad, ayuda o compasión. Los cristianos con el don de generosidad deben ayudar al pueblo de Dios a hacer la diferencia.

Responsabilidades de los cristianos con el don de generosidad

- Compartir generosamente su tiempo, sus conocimientos y sus bienes con otros (Hechos 4:32-37).
- Buscar oportunidades de ayudar sin esperar nada a cambio.
- Organizar y motivar a otros para que den ofrendas generosas para la obra misionera, para proyectos de la iglesia local, para la familia pastoral, etc.
- Ayudar a todos por igual, sin preferencias.
- Dar con generosidad pero también con sabiduría.

Nina Griggs Gunter

Nina Griggs Gunter nació el 4 de septiembre de 1937, en Bennettsville, Carolina del Sur. Ella fue llamada al ministerio de la predicación a los 14 años. Al decirle a su pastor acerca de esto, él le pidió predicar en el próximo servicio. Desde entonces no ha dejado de predicar. Se casó con Dwight Moody Gunter en 1956 con quién tiene dos hijos.

Nina fue la primera mujer en recibir un Doctorado honorario en Divinidades por Trevecca Nazarene University en reconocimiento de su ministerio creativo e innovador. En 2005 fue distinguida por el Colegio Bíblico Nazareno como "Predicador del Año". En febrero de 2009 Trevecca le otorgó el primer beneficio del Premio de Liderazgo, en reconocimiento a una mujer cristiana destacada como modelo de liderazgo de servicio.

Como ministro ordenada, Nina sirvió como co-pastor al lado de su esposo y luego como administradora en la Oficina de Distrito cuando Dwight sirvió como superintendente (1976-1986), al mismo tiempo trabajó en el ministerio de evangelización y como pastor interino de varias congregaciones.

Nina demostró su don de generosidad al servir durante 35 años como Presidenta de Misiones Nazarenas Internacionales (MNI), primero en el Distrito South Carolina y luego -desde1986- como Directora General de MNI. Su esfuerzo apasionado para estimular a las iglesias locales a una mayor visión global de las misiones se ha traducido en un interés sin precedentes y un increíble apoyo. Durante 20 años ella logró por medio de la motivación, aumentar las ofrendas anuales para misiones mundiales de $ 30 a casi $ 1000 millones de dólares al año.

La Dra. Gunter fue elegida miembro de la Junta de Superintendentes Generales en la Vigésima Sexta Asamblea General en Indianápolis, Indiana, en junio de 2005. Es la primera mujer en ser honrada para esa función. La presencia de la Dra. Gunter en la Junta de Superintendentes Generales y su ejemplo, ha enriquecido el ministerio de la iglesia mundial. Ella fue seleccionada como redactor colaborador en 2008 y 2009 para el Diario de Liderazgo de "Christianity Today" como uno de los "líderes de la iglesia más admirada por su fidelidad y por la forma innovadora de contribuir a la misión de Cristo en el mundo".

Pasajes para estudio del don de generosidad
Lucas 3:11; 21:1-4
Juan 12:3-8
Hechos 4: 32-37; 20:35
Romanos 12:8
2 Corintios 8:2-5

¿QUÉ APRENDIMOS?

Los dones de compasión, servicio, ayuda, hospitalidad y generosidad son imprescindibles para que la iglesia de Cristo pueda mostrar al mundo el amor misericordioso de Dios en una forma tangible y real.

Lección 5 - Dones de compasión y servicio

Actividades

Tiempo 20'

INSTRUCCIONES:

1. Mencione algunos sinónimos de la palabra compasión.
_____
_____
_____

2. Lea la parábola del Buen Samaritano en Lucas 10:25-37. William Barclay nota tres verdades importantes en este relato. Escriba debajo de cada una algo que puede hacer esta semana para ponerlas en práctica.

- Debemos ayudar a una persona aunque ésta nos haya causado daño.
_____

- Cualquier se humano de cualquier nación que está en necesidad es nuestro prójimo.
_____

- Nuestra ayuda debe ser práctica y no sólo en palabras como "lo siento mucho".
_____

3. En grupos de 3 o 4 alumnos realizar lo siguiente: Luego de leer Lucas 22:23-27 respondan: ¿Cómo podemos las persona con estos dones estudiados ayudar a la iglesia a cumplir su misión de alcanzar a otros para Cristo?
_____
_____
_____

4. Aplicando estos dones en la Iglesia.

Usando una cartulina o pizarra toda la clase realiza esta actividad.

En la columna de la izquierda va el nombre de cada alumno. En la de la derecha cada uno responde ¿Cuál servicio se comprometería a prestar en la iglesia?

Por ejemplo: barrer el templo, ordenar las sillas, promover ofrendas para reparar las pizarras de las aulas, transportar a los niños o ancianos, entre otros.

Nombre	Servicio que va a prestar a la Iglesia

Lección 6

DONES RELATIVOS A LA MISIÓN TRANSCULTURAL

Objetivos
- Definir los dones: apóstol, misionero e idiomas
- Identificar las responsabilidades de los cristianos con estos dones.
- Conocer ejemplos de cristianos con estos dones.

Ideas Principales
- Los apóstoles cumplen el propósito de guiar a la iglesia y liderar su expansión cultural y geográfica.
- Los misioneros hacen discípulos y desarrollan integralmente la iglesia en otras culturas.

Introducción

El don de apóstol, de misionero y de idiomas, son muy importantes para la extensión del Reino de Dios. El misionero, es como el jugador de un equipo deportivo que tiene las destrezas para hacer los pases y meter goles. Estos y estas son los/las que evangelizan, plantan iglesias, hacen labor social y forman líderes en los campos misioneros. El apóstol es alguien que cuida de las iglesias ya establecidas, cumpliendo un ministerio de liderar a los líderes de las iglesias y a los misioneros en su trabajo. Su tarea es semejante a la de un director técnico de un equipo deportivo.

El don de apóstol

En esta sección estudiaremos el don de apóstol

Jesús enseñó que todos los creyentes compartimos la misión apostólica de la iglesia y tenemos un mensaje que proclamar (Juan 17:18; 20:21). Pero el don de "apóstol" se aplica a alguien enviado con una misión, un enviado por Dios, que va al mundo a predicar a Cristo, a fundar iglesias y confirmarlas, y que ejerce una autoridad espiritual especial (2 Corintios 8:23; Filipenses 2:25).

El ministerio del apóstol es uno de los más mencionados en todo el Nuevo Testamento. Pablo tenía un especial ministerio de dar atención pastoral a los líderes espirituales en las nuevas iglesias dentro del Imperio Romano. Como apóstol el tenía de parte de Dios y de las congregaciones que lo enviaron autoridad para edificar la iglesia (2 Corintios 13.10).

En nuestros días entendemos que el don de apóstol es el deseo y la capacidad de comenzar grupos de nuevos cristianos, ya sea en otras comunidades de su ciudad y país o bien en otros países y culturas. Se relaciona con los dones de evangelista, pastorado y liderazgo.

Responsabilidades de un cristiano con el don de apóstol

- Comprometerse activamente con los ministerios de evangelismo.
- Integrarse a un equipo de plantadores de iglesias.

En nuestros días, algunas iglesias evangélicas usan el término apóstol en sentido diferente, para señalar un lugar elevado de liderazgo en la iglesia. Sin embargo, en la Iglesia del Nazareno no se usa en el mismo sentido por respeto a los primeros apóstoles del Señor, entre varias razones más. No obstante entendemos que líderes que coordinan el trabajo de los siervos y las siervas del Señor a nivel distrital, de área, regional o global, cumplen una función similar a la de apóstol en el Nuevo Testamento, aunque la iglesia ha escogido no llamarlos o llamarlas así.

- Capacitarse al más alto nivel posible para ser un buen plantador de iglesias.
- Aprender idiomas que le sirvan de herramientas para la misión.
- Participar en el programa de misioneros voluntarios.

Louie Bustle

Louie Bustle nació en Mount Vernon, Kentucky, en 1942. Se entregó al Señor luego de la conversión de su padre, quién era alcohólico. Obtuvo una maestría en misiones del Seminario Teológico Nazareno de Kansas City (1982) y un doctorado en Divinidad que le otorgó la Universidad de Trevecca (1987).

Se casó en 1968 con Ellen Phillips y dos años después, en 1970, comenzó su servicio misionero en las Islas Vírgenes, por cuatro años. En 1975 inició la obra en República Dominicana, allí su don de apóstol salió a la luz permitiéndole guiar a la iglesia en un tremendo crecimiento hasta llegar a 61 iglesias organizadas en seis años.

Luego de servir en Perú durante un año, fue nombrado en 1983 Director Regional de América del Sur. Esta región creció bajo su liderazgo de 18 a 40 distritos, de 375 a 618 iglesias organizadas y de 19.300 a 35.900 miembros en cuatro años.

A partir del año 1994 el Dr. Bustle ha servido como Director del Departamento de Misión Mundial. Había entonces presencia de la iglesia en 104 países. Desde el año 2009 sirve como Director de Misión Global para la Iglesia del Nazareno. Para el año 2008 nuestra iglesia ya contaba con más de 790 misioneros (de 40 áreas del mundo) y más de 11,000 voluntarios en misión. Estos misioneros servían en 148 idiomas y 75 dialectos. Para el 2009 la Iglesia del Nazareno tenía presencia en 155 países, habiendo entrado en un tercio de los mismos bajo el ministerio del Dr. Bustle.

En el reporte a la Junta General del año 2010 el Dr. Bustle declaró: "10 años atrás la total membresía de la Iglesia del Nazareno fue de 1.3 millones, ahora, 10 años después, nosotros estamos ya bien entrados en el siglo 21, el siglo para el cuál Dios nos levantó. Actualmente con más de 600 mil nuevos miembros (la mitad de los cuales fueron recibidos en los últimos tres años), nosotros estamos posicionados para cruzar la marca de los 2 millones de miembros en algún punto durante este año calendario. Nosotros celebramos la vitalidad y la fortaleza que disfrutamos a causa de la multitud de dones que estos nuevos nazarenos traen. Los pasados diez años nos han visto crecer un 45%. Sólo imagínese lo que serán los próximos diez."

Para estudio del don de apóstol
Mateo 10: 2-15
Romanos 16.7
Juan 13: 12-17,
1 Corintios 12: 28-29
Hechos 8: 14-25; 14:14;
15: 1-6
2 Corintios 12:1
Gálatas 1:1
Efesios 4:11.

Confirmación del don de apóstol
- ¿Me causa tristeza la gente que no tiene una iglesia cerca de su casa?
- ¿Me entusiama la idea de participar en la fundación de una iglesia?
- ¿Me siento identificado/a con el ministerio del apóstol Pablo?
- ¿Admiro el trabajo de los misioneros plantadores de iglesias?
- ¿Me siento cómodo trabajando en proyectos a largo plazo?
- ¿Tengo otros dones de liderazgo como administración, fe, pastor, etc.?

El don de Misionero

En esta sección aprenderemos sobre el don de misionero

Una tercera parte de todo el crecimiento nazareno en 2009 se debe a la fundación de iglesias:
- Se fundaron 1.178 nuevas iglesias, o sea 23 nuevas iglesias cada semana.
- Se añadieron 165.661 nuevos nazarenos, o sea 450 nuevos nazarenos cada día.
- Se alcanzó un total de 24.485 iglesias nazarenas globalmente, con 17.277 de ellas siendo iglesias organizadas.
- Un millón novecientos mil miembros en total (un 6 % más que el año 2008).

(Reporte de los Superintendentes Generales de Febrero 2010)

El don de misionero es una capacidad especial que Dios da a algunos miembros del Cuerpo de Cristo, que los hace aptos para utilizar los otros dones que posee con gente de otras culturas. El misionero o misionera tiene la disposición a cruzar barreras culturales y sociales. Pablo, fue un apóstol pero además es un ejemplo del don de misionero. Dios lo llamó expresamente como misionero de los paganos (Hechos 9: 15-16).

Los misioneros y misioneras son indispensables para la organización de nuevas iglesias. Estas son personas que con gozo aceptan la misión de Dios para alcanzar a los perdidos. Este don es el que permite la continuación del trabajo evangelístico estableciendo iglesias en nuevas áreas geográficas.

Responsabilidades del cristiano con el don de misionero

- Tener la plena seguridad de que Dios le ha llamado en forma personal a "salir a otras culturas".
- Cultivar su relación con el Señor por medio de una vida de oración.
- Tener disposición al sacrificio personal y la renuncia.
- Aprender a distinguir y escuchar la voz del Espíritu Santo.
- Conocer bien las doctrinas de la iglesia.
- Entrenarse en métodos de comunicación y técnicas de enseñanza.
- Informarse todo lo que pueda acerca de la cultura a la cual irá.
- Aprender el idioma de la gente con la que va a trabajar.

Pasajes para estudio del don de misionero

Gálatas 1:15-17; 2:7-14
Efesios 3:6-8; 4:11
Hechos 9: 13-17; 14:21-28
1 Corintios 9:19-23

Lucía Carmen García

Lucía Carmen García a los 15 años, fue la primer convertida de la Iglesia del Nazareno en Argentina (y probablemente en América del Sur) el 21 de noviembre de 1919. Para el año siguiente Lucía colaboraba como maestra de la primera Escuela Dominical en Buenos Aires. Luego de graduarse de maestra, sirvió como directora de la Escuela mixta evangélica (1923) que inició con 23 niños. En 1927 recibe su certificado de Ministro Licenciado y comienza las labores para fundar misiones en las zonas urbanas aledañas al oeste de la capital.

Lucía, asistida por Soledad Quintana, quien era alumna del Instituto Bíblico, evangelizó siguiendo las estaciones del ferrocarril Sarmiento en Buenos Aires. Las dos se levantaban cada día temprano y salían a evangelizar de casa en casa, repartían tratados, vendían Biblias y almorzaban pan con queso y mortadela sentadas donde podían. Lucía predicaba en campañas evangelísticas a veces hasta 22 días seguidos. Como fruto de su labor se

Misionero
El movimiento misionero de la Iglesia del Nazareno tiene más de 100 años. La doctrina de santidad y las misiones están en el centro de lo que significa ser nazareno. En el tiempo de la unión de Pilot Point en 1908, los fundadores habían comisionado y enviado un total de 21 misioneros a India, Cabo Verde, México y Japón. A Septiembre de 2008, había 794 misioneros y personal administrativo en todo el mundo sostenidos por el Fondo de Evangelismo Mundial.

fundan iglesias en las ciudades de Merlo, Castelar, General Rodríguez, Morón, Moreno y pueblos vecinos, hasta Lujan (70 km del centro de la capital).

En el año 1931 ambas son ordenadas como presbíteros por el Dr. J. B. Chapman. Lucía supervisó las nuevas iglesias desde el año 1926 hasta 1939. Al mismo tiempo colaboró como editora de la primer revista nazarena argentina "La Vía más excelente" y tradujo libros del inglés al castellano. Mientras trabajaba como profesora en el Instituto Bíblico, en el año 1950, obtuvo el título de Doctora en Filosofía y letras.

En 1953 se le nombra a ella y a su esposo don Natalio Costa como primera pareja misionera Argentina, con la misión de fundar iglesias en las provincias del interior del país. Fundan varias iglesias en Tucumán, Santiago del Estero y Salta. Un año después, en la Asamblea de Distrito de 1954 ellos informaron que por medio del evangelismo personal y la visita casa por casa habían distribuido 1.053 Biblias, 600 Nuevos Testamentos, 8.000 porciones y 80.000 tratados en la Ciudad de Tucumán y sus alrededores. Habían visitado hospitales, comercios y hasta la Casa de Gobierno. Nuevamente, siguiendo el recorrido de los trenes habían llegado hasta las provincias vecinas evangelizando. Levantaron 4 misiones y estaban entrenando maestros de Escuela Dominical. Luego de unos años se trasladaron a las provincias del oeste donde fundan iglesias en Mendoza y San Juan.

Ya mayor de edad desafiaba a los estudiantes en el Instituto Bíblico en la ciudad de Buenos Aires con las siguientes palabras: "Nosotros hicimos la tarea con mucho menos, ustedes con más, hagan algo más grande".

Confirmación del don de misionero
- ¿Me atrae evangelizar a los grupos marginados?
- ¿Me agrada hacer trabajo misionero en otros países?
- ¿Me adapto bien a otras culturas?
- ¿Tengo facilidad y disciplina para aprender otro idioma?
- ¿Hago relaciones con personas desconocidas con facilidad?
- ¿Estoy dispuesto a usar de mis propios recursos para financiar mi viaje y gastos?
- ¿Estoy dispuesto a trabajar para sostenerme mientras evangelizo y discipulo a otros?
- ¿Soy buen administrador de mis recursos financieros?

El don de idiomas

En esta sección aprenderemos sobre el don de idiomas

El don de interpretación de idiomas es una capacidad y habilidad que el Espíritu Santo da a algunos hermanos y hermanas para aprender un idioma diferente y así poder usarlo para edificación de la iglesia. Sin la interpretación de lenguas, no podríamos entender las predicaciones, leer libros o cantar canciones que se escribieron en un idioma diferente al nuestro. Cuando podemos entender un mensaje, oración, himno o canto en otro idioma, esto bendice y edifica nuestra vida.

Debido a que en el Nuevo Testamento la palabra que se traduce lenguas, significa tanto idiomas, como dialectos, alguna iglesias cristianas enseñan que estas "lenguas" no son un idioma conocido, sino un lenguaje de oración. Estos cristianos interpretan que el hablar en "lenguas" es señal de que una persona ha sido llena con el Espíritu Santo y que todos los cristianos deben recibir este don. Otra interpretación se refiere a que algunas personas reciben este don de lenguas para transmitir un mensaje de parte de Dios a la iglesia, y que en este caso debe haber otra persona con el don de "interpretación de lenguas", que "traduzca" dicho mensaje. Un pasaje en que se basan es Hechos 2:4-6. Sin embargo en este suceso el propósito fue que cada oyente recibiera el mensaje en su propia lengua o dialecto. De hecho, como resultado, unas 3.000 personas se unieron a la iglesia ese día (Hechos 2:41).

La Iglesia del Nazareno interpreta este don de forma distinta a algunas tradiciones evangélicas hermanas. Entendemos que hay un don del Espíritu que capacita a algunos cristianos para hablar e interpretar otros idiomas y dialectos.

Los nazarenos creemos que la señal de un cristiano lleno del Espíritu Santo es el fruto del amor como enseña el apóstol Pablo en Gálatas 5:22-23: "Más el fruto del Espíritu es amor, gozo, paz, paciencia, benignidad, bondad, fe, mansedumbre, templanza; contra tales cosas no hay ley." Es el mismo amor santo de Dios que se muestra en formas variadas.

Para estudio del don de idiomas
Génesis 11:1
Hechos 2: 1-13

En la lista de Pablo no se menciona nada acerca de "hablar en lenguas" auque el dominaba varios idiomas. Se crió en Tarso y conocía el dialecto local relacionado con la moderna Turquía. Como ciudadano romano educado, Pablo también hablaba griego. Estudió en la escuela de rabinos de Jerusalén por lo cual hablaba hebreo (Hechos 22:3). Como viajó por todo el Mediterráneo, recogió un poco más de los idiomas locales ya que él vivió en diversas ciudades durante meses. Lo más probable es que oraba y predicaba en varios idiomas. Dicho todo esto podemos decir que Pablo era una persona con el don de idiomas pues conocía y usaba varias lenguas para el beneficio del Cuerpo de Cristo. En I Corintios 14:18-19 Pablo testifica: "Doy gracias a Dios que hablo en lenguas (idiomas) más que todos vosotros; pero en la iglesia prefiero hablar cinco palabras con mi entendimiento, para enseñar también a otros, que diez mil palabras en lengua desconocida."

Responsabilidades de los cristianos con el don de idiomas

- Estudiar y aprender a dominar bien otro u otros idiomas.
- Estar disponible para servir de intérprete cuando le requieran.
- Si tiene gusto por la escritura, perfeccionar las técnicas de redacción para poder traducir y expresar correctamente.
- Vivir un período de tiempo en el país donde se habla ese idioma para entender su cultura.
- Enseñar idiomas a otros. Puede usar esto como herramienta evangelística.

Testimonio de Hilda Navarro

Hilda Elena Navarro García, nació en una familia nazarena en Ensenada, Baja California, México en 1969. A la edad de siete años le entreguó su vida al Señor y en un campamento de niños, donde recibió al Espíritu Santo.

De niña por el trabajo de su padre se mudaron varias veces, siempre en el estado de Baja California que colinda con los Estados Unidos. En las ciudades fronterizas es común que la gente vea y escuche los medios de comunicación de los Estados Unidos. Así que creció familiarizada con el inglés aunque no necesariamente dominándolo.

A los 14 años comenzó a estudiar francés e inglés, este útimo por imposición de su madre. El francés se convirtió en una pasión para ella, el inglés lo dejó al poco tiempo. Al siguiente verano viajó con la Alianza Francesa al sur de Francia a unos cursos intensivos y en 5 años ya dominaba el idioma. El inglés prácticamente se le había olvidado.

El Señor la llevó a San Diego, California, a estudiar en la actual universidad Point Loma Nazarene University, donde estudió periodismo y tuvo que aprender los pormenores gramaticales de la lengua de Shakespeare. Estando allí quiso continuar estudiando francés pero al hacer el exámen de ubicación, le recomendaron mejor estudiar otro idioma porque ya sobrepasaba los niveles que ellos ofertaban. Cursó entonces dos años de alemán y al graduar de la universidad se fue a Alemania a pulir el idioma en el Instituto Goethe de Bonn. Cuando regresé a Baja California, estudió italiano sólo por diversión aunque casi no lo practica.

Lo que para ella fueron situaciones aisladas resultaron ser un plan tejido por el Maestro. En 1993 tuvo la bendición de ayudar por primera vez a los delegados internacionales a la Asamblea General y a las Convenciones de la Iglesia del Nazareno traduciendo para ellos cuando era necesario. Desde entonces, ha apoyado a la iglesia en eventos que requieren traducción de documentos o interpretación simultánea. Ha tenido el privilegio de servir a hermanos y hermanas de toda Latinoamérica usando los idiomas que Dios me ha permitido aprender.

Confirmación del don de idiomas
- ¿Tengo facilidad para aprender y hablar en otros idiomas?
- ¿Me gusta ayudar a que personas de diferentes idiomas puedan comunicarse?
- ¿Me bendice contribuir a la edificación de la iglesia?
- ¿Siento compasión por la gente que no tiene Biblia y libros en su idioma?

¿QUÉ APRENDIMOS?

Los dones de apóstol, de misionero y de idiomas son fundamentales para que cada generación de cristianos pueda cumplir su misión de hacer discípulos en todas las familias y pueblos de la tierra.

Lección 6 - Dones relativos a la misión transcultural

Actividades

Tiempo 20'

INSTRUCCIONES:

1. ¿Cuál es el propósito del don de misionero?
   _____
   _____
   _____

2. Señale entre las siguientes características cuáles identifican a un cristiano/a con el don de misionero?
   a) Siente carga por los inconversos de otras culturas.
   b) Participa en programas de apoyo a misiones internacionales
   c) Se siente cómodo evangelizando a gente con costumbres similares.
   d) No le gusta probar comidas diferentes.
   e) Disfruta trabajando con equipos plantadores de iglesias

3. ¿Cuál es el ministerio especial que hacen los apóstoles y en qué se asemeja al ministerio de Superintendente de Distrito o Coordinador de Estrategia de Área?
   _____
   _____
   _____

4. Mencione ejemplos de cómo las personas con don de apóstol, misionero e idiomas pueden contribuir al ministerio de su iglesia local.

Apóstol	Misionero	Idiomas

Lección 7

DONES DE CREATIVIDAD ARTÍSTICA Y COMUNICACIONES

Objetivos
- Definir los dones de escritura, música, trabajo manual, artesanía y comunicaciones
- Identificar las responsabilidades de los cristianos con estos dones.

Ideas Principales
- Los músicos guían en la alabanza, los comunicadores sirven conectando y facilitando los ministerios.
- Los escritores edifican al pueblo de Dios y capacitan a su liderazgo.

Introducción

Los cristianos con dones creativos nos recuerdan el cuidado amoroso que Dios puso al crear este mundo con multitud de colores, sonidos, sabores y texturas. Como veremos en esta lección los dones de escritura, música, trabajo manual, artesanía y comunicaciones son fundamentales para el ministerio de la iglesia.

El don de escritura

A continuación estudiaremos el don de escritura

El don de escritura es la habilidad especial que Dios da a ciertos miembros del Cuerpo de Cristo que los ayuda a formular pensamientos e ideas para comunicarlos en maneras en que otros puedan encontrar dirección, sabiduría, conocimiento y edificación, entre otras cosas.

Responsabilidades de los cristianos con el don de escritura

- Aprender a escribir bien por medio de la gramática, la redacción y la ortografía.
- Practicar mucho la lectura y la escritura.
- Conocer bien la teología y otras ciencias de estudio bíblico.
- Colaborar con el boletín de la iglesia u otro ministerio aplicando su don.
- Auxiliar a otros líderes revisando y editando sus escritos.

Confirmación del don de escritura
- ¿Prefiero expresarme por escrito que hablar?
- ¿Conozco muchas más palabras que el común de la gente y puedo usarlas apropiadamente?
- ¿He escrito algo que ha sido de bendición para otros?
- ¿Cuando leo y encuentro una palabra que no conozco la busco en el diccionario?
- ¿Cuando escribo, reviso mi material hasta asegurarme que está bien escrito?

Carlos Van Engen

Carlos Van Engen nació en 1948 en San Cristobal de las Casas, Chiapas, México. Sus padres era misioneros. Obtuvo su maestría en Divinidades del Seminario Teológico Fuller y dos doctorados en 1978 y 1981 (Phd) en la Free University of Amsterdam.

Sirvió como pastor de Jóvenes en Pasadena, California y luego como misionero en el Seminario Presbiteriano en Chiapas. Allí desarrolló textos programados y guías de estudio. Entre otros ministerios, junto a su esposa Jean, evangelizaban en las zonas rurales, tenían ministerios con universitarios, con mujeres y capacitando líderes. Allí les tocó asistir a muchas personas cuando un volcán hizo erupción en el norte de Chiapas (1981-82). De 1982 a 1985 coordinó la asistencia diaria a 80.000 refugiados mayas que venían de la frontera huyendo de la violencia en Guatemala.

Desde 1973 se ha dedicado al ministerio de la enseñanza en la especialidad de misiología en varios seminarios. Actualmente es profesor de Teología Bíblica de la Misión y ha enseñado en la escuela de Estudios Interculturales desde 1988 en Fuller y coordina el programa doctoral PRODOLA para América Latina.

Entre otros muchos ministerios, Don Carlos se desempeñó como presidente del Sínodo General de la Iglesia Reformada en América desde 1998 hasta 1999. Él es además el presidente fundador y director general de Latin American Christian Ministries, Inc.

Desde su formación universitaria de 1966 a 1973, don Carlos es un apasionado escritor de libros. No sólo ha escrito multitud de libros, artículos y capítulos, sino que siempre tiene una lista de temas nuevos sobre los cuáles desea escribir un libro más, en áreas de misiología, Biblia y misión, teología de la misión y estudios sobre Latinoamérica, siendo uno de los misiólogos más reconocidos y de mayor influencia en la iglesia de nuestro tiempo.

Su patrón ha sido:

1. Predicar las ideas que ha recibido del Señor.
2. Enseñarlas.
3. Organizarlas en forma de artículos o libros.

Nunca ha "escrito solo para escribir", sino ha tenido en mente el compartir las ideas con personas que jamás conocería cara a cara. Su pasión es llamar a la iglesia a un compromiso misionero.

El don de música

En esta sección aprenderemos sobre el don de música

El don de música consiste en la habilidad de participar en la ejecución vocal o instrumental en la alabanza a Dios. La música es una de las formas en que expresamos nuestra adoración a Dios. Nos valemos de las canciones tanto en la adoración privada como en el culto en la iglesia. En el culto, la música cristiana incluye instrumentación, organización, administración y dirección; y Dios ha dotado a ciertos hermanos y hermanas para guiar a las congregaciones en este tiempo especial de compañerismo en la alabanza.

Adoración: "Es el acto mediante el cual se expresa reverencia, respeto, honor, amor y obediencia a Dios"

Algunas personas confunden adoración con música, pero no son sinónimos. La adoración es más que música, es una respuesta agradecida a una iniciativa divina; es un estilo de vida que incluye el reconocimiento de la suficiencia de Dios y la dependencia de nuestra vida entera de él. Esto no es solamente una actividad de una vez cada domingo. La adoración involucra la vida completa. Jack Hayford dijo: "La adoración es un don de Dios para con nosotros, tiene como fin bendecirnos y beneficiarnos. Dios no la necesita, nosotros sí".

Confirmación del don de música
- ¿Expresas tu adoración a Dios por medio de la música?
- ¿Cuando cantas a Dios sientes que te "pierdes" en la alabanza?
- ¿Cuando cantas u oras tu rostro refleja lo que sientes?
- ¿Tienes una buena voz y entonas bien?
- ¿Cuando cantas haces tuyas las palabras de las canciones?
- ¿Cuando escuchas cantar a otros identificas con facilidad los errores?

Responsabilidades de los cristianos con el don de música

- Vivir un estilo de vida de adoración.
- Su tiempo de adoración privada debe ir a la par de la pública.
- No dar más importancia a la música en el culto que a la predicación.
- No pensar de sí mismo como una "estrella".
- Tomar clases de música y/o canto para perfeccionar el talento que Dios le ha dado.
- Unirse al grupo de música de la iglesia para poder desarrollar y poner en práctica este don.
- Compartir y enseñar sus conocimientos musicales a otros.
- Estudiar la doctrina para escoger los cantos apropiadamente.
- Tener un balance de estilos y ritmos para los programas de la iglesia.

Carlos Wesley

Carlos Wesley, hermano de Juan Wesley, nació en Epworth, Inglaterra en 1707. Los dones de ambos hermanos eran complementarios. Carlos nació prematuro. Sus padres lo envolvieron en una manta de lana y el bebé logró sobrevivir milagrosamente. Ambos hermanos estudiaron en la Universidad de Oxford. Carlos fue quien inició el Club Santo que luego su hermano Juan lideró. Los miembros del club se reunían para estudiar la Biblia, orar y examinar su vida espiritual, también dar ayuda a los enfermos, los pobres y los presos.

Carlos fue el primero de los hermanos en experimentar la seguridad plena de su salvación personal, el 21 de mayo de 1738. A la siguiente mañana después de meditar sobre el salmo 107 compuso un himno de salvación. En 1749, contrajo matrimonio con Sarah Gwynne. Ella acompañó a los hermanos Wesley en sus viajes evangelísticos por toda Gran Bretaña, hasta que la salud de Carlos les obligó a establecerse en Bristol en 1765, tras servir dieciocho años como evangelista. Carlos y Sarah tuvieron ocho hijos, aunque solo tres sobrevivieron.

Hasta el tiempo de los Wesley las iglesias cantaban porciones de la Escritura. Carlos escribió muchos himnos que le pusieron música a las doctrinas de salvación que predicaban. Su labor principal consistió en modernizar y mejorar la antigua forma de alabanza religiosa. En su cama antes de morir dictó su último himno, en 1788. Se publicaron 56 volúmenes de sus himnos en total. Algunos de los himnos más conocidos de Charles Wesley son: "Cariñoso Salvador", "Oíd un son en alta esfera", "Tocad, trompetas ya", "Sólo excelso amor divino", "Ved del cielo descendiendo", "El

Señor resucitó","Y nazco para morir" (Banda Sonora de la película Cold Mountain). En una placa que se encuentra en la que fue su casa en Bristol dice: "Sus himnos son posesión de la Iglesia cristiana".

Los dones de trabajo manual y artesanía

En esta sección aprenderemos sobre los dones del trabajo manual y artesanía

Los dones de artesanía y trabajo manual consisten en la habilidad de utilizar diferentes formas de arte para la obra del ministerio. La gama de posibilidades es infinita, desde diseñar marcadores para libros, hasta edificios. Abarca todo tipo de especialización: dibujo, video, manualidades, decoración, animación, costura, cocina, jardinería, arquitectura, carpintería, artesanía, y la lista sigue.

Ejemplo de responsabilidades para dones de trabajo manual y artesanía

Don para trabajo manual	Dones de artes
Mantenimiento de edificios y jardines	Dramatizaciones, títeres, mimos, etc.
Reparación o construcción de casas	Decoración para actividades especiales
Trabajo y Testimonio	Enseñanza de artesanía
Construcción de muebles	Decoración de pasteles
Reparación de vehículos, etc.	Confección y reparación de ropa, etc.

Confirmación del don trabajo manual
- ¿Me siento bien construyendo algo con mis manos?
- ¿Me incomoda ver el templo u otros edificios con roturas o despintados?
- ¿Me gusta compartir con otros mientras trabajamos juntos?
- ¿Me agrada cuando se varía la decoración en el templo para fechas especiales?

Margaret Douglas

La Sra. Margaret Douglas, nació en 1924. En el año 2009 contaba los 85 años de edad y era miembro de la Iglesia del Nazareno en Belle, Virginia Occidental. Margaret ha participado en 19 viajes de Trabajo y Testimonio desde la década de los 80s cuando un amigo le comentó acerca de un viaje que él realizó a Costa Rica.

Los 25 miembros del equipo que viajaron se quedaron en una pequeña habitación en el Seminario de Las Américas y empezaron a trabajar en el templo de una de las iglesias en el área de San José. Al final de los diez días, ellos estaban adorando al Señor en las cuatro paredes que habían construido donde antes había una tienda de campaña. Según Margaret, la construcción fue difícil porque el edificio tenía que ser a prueba de sismos y todo el concreto se mezclaba a mano.

El ministerio de Margaret en Costa Rica incluyó cocinar y lavar la ropa, y cuando el tiempo lo permitió participaba en la construcción. La cocina y la limpieza era un trabajo difícil, comenzaba temprano en la mañana y terminaba hasta después de la cena. Entre las muchas cosas que disfrutaba

Confirmación del don de artesanía
- ¿Soy creativo para transmitir un mensaje en nuevas formas?
- ¿Tengo habilidades para el dibujo, el diseño o la actuación?
- ¿Me gusta la fotografía, el dibujo o el diseño gráfico?
- ¿Tengo habilidades para escribir dramas y dirigir a los actores?

estaban los cultos en la noche y después de muchos años, todavía recuerda el culto de bautismo en un arroyo y las clases de Escuela Dominical bajo los árboles cercanos.

La señora Douglas ha viajado a muchos lugares en su experiencia en Trabajo y Testimonio como ser: Guatemala, Chile, Bolivia, Brasil, Kenia, Mozambique, Arizona (Reserva Indígena), California (Casa Robles), y Hawai (construcción de una iglesia). Uno de los viajes favoritos de la Señora Douglas fue a Kenia, aunque lamentablemente se enfermó, posiblemente por la medicación para la malaria. Durante tres días no pudo trabajar. "Yo estaba bastante mal físicamente, pero me sentía peor por el hecho de que no podía trabajar por lo que decidí que este viaje sería el último ya que no era una ayuda para el equipo." Cuando compartió este sentimiento con su compañera de equipo, su amiga le contestó: "¡Creo que usted irá en el próximo viaje y va a trabajar doblemente más duro!"

La señora Douglas posteriormente participó en tres viajes más completando así su trayectoria ministerial en diecinueve ocasiones. Ella anima a todos a ir en un viaje de Trabajo y Testimonio, al menos una vez. "Vaya una vez. Si usted tiene compasión en su interior, estará listo para volver de nuevo." (Shelley Webb)

Dones de comunicaciones

Los dones de comunicaciones consisten en la habilidad para transmitir un mensaje de manera efectiva. No es solo el hecho de poder decir algo, sino asegurarse de que la persona que lo recibe comprenda el mensaje que se quiere comunicar.

Los cristianos con estos dones necesitan además tener la capacidad de manejar alguno o varios de los diferentes medios (canales) que se disponen en la actualidad para comunicar un mensaje. Entre estos se pueden mencionar: la página impresa, la radio, la televisión, la internet, etc. Este don esta relacionado además con la habilidad de usar la tecnología.

Responsabilidades de los cristianos/as con dones de comunicaciones

- Buscar la excelencia en lo que se hace.
- Identificar la mejor forma en que se puede comunicar algo y el mejor medio.
- Ser capaz de guiar y asesorar a otros con amabilidad en el campo específico.
- Colaborar apoyando otros ministerios de la iglesia.
- Tener siempre una actitud de servicio a otros.
- Involucrarse en actividades de planeación para aportar ideas.
- Mantenerse actualizado en cuanto a los avances tecnológicos.

Carlos Juárez

Carlos nació en Guatemala en un hogar de nazarenos, en julio de 1981. Creció en un pueblo en el norte del país hasta la edad de 10 años cuando la familia se mudó a la ciudad de Guatemala (capital de la nación) respondiendo sus padres al llamado del Señor. Sus estudios de primaria y secundaria los realizó en el Instituto Evangélico América Latina. Desde pequeño mostraba mucho interés en cualquier artefacto electrónico que llegaba a sus manos. Comenzó a interesarse en las computadoras en 1987 cuando su familia adquirió una. De allí en adelante fue interesándose cada vez más por aprender todo lo relacionado con las computadoras.

Durante un campamento cristiano en 1998, a la edad de 17 años, Carlos sintió un llamado en su corazón; no a ser pastor o predicador, escuchó el llamado de Dios para poner sus talentos, dones y los conocimientos que el tenía, al servicio de Dios. Durante algunos años Carlos en cada actividad que había en el colegio, tomaba fotografías y grababa todo lo que podía con una cámara de video y luego veían el material con sus amigos.

Durante 1999 completó un año de la carrera de ingeniería en electrónica, y luego de ese tiempo se dio cuenta que su verdadera pasión estaba detrás de una cámara de video. En el año 2000 inició la carrera de Licenciatura en Producción de Radio y Televisión cuyo título obtuvo en marzo de 2006.

A finales de 1998, con el deseo de poner todo lo que tenía al servicio de Dios, Carlos se involucró como voluntario en el "nuevo" ministerio de Comunicaciones que existía en la oficina Regional de México y América Central de la Iglesia del Nazareno. Un misionero que tenía a cargo el ministerio le enseñó lo que en adelante lo motivaría a continuar en el campo de la producción audiovisual. Después de varios años de estar sirviendo en este ministerio, en la ciudad de Guatemala, en enero de 2009 se muda a San José Costa Rica como misionero donde coordina desde entonces el ministerio de Comunicaciones en la Región MAC.

Carlos afirma: "Personalmente creo que Dios nos prepara día con día y las cosas que nos permite hacer son parte de su escuela para usar nuestra vida en lo que Él quiere. Dios quiere que seamos personas felices, que tengamos una vida plena. Ha puesto dones en cada uno de nosotros y quiere que los usemos para Él."

Confirmación del don de comunicaciones
- ¿Soy creativo a la hora de buscar distintas formas de comunicar algo?
- ¿Me interesa que las cosas salgan bien sin importar si el crédito es de alguien más? (humildad)
- ¿Me gusta la idea de utilizar las herramientas tecnológicas para comunicar algo?
- ¿Me gusta narrar historias de manera amena y creativa?
- ¿Puedo escribir guiones para programas de radio y/o televisión?
- ¿Se me facilita usar la tecnología o familiarizarme con ella?
- ¿Tengo la habilidad de tomar fotografías, grabar video, realizar entrevistas y otros aspectos relacionados con medios de comunicación audio visual?
- ¿Puedo manejar una mezcladora de audio?
- ¿Tengo habilidades en el área de la informática, redes, software, etc?

¿Qué Aprendimos?

Los dones de escritura, música, trabajo manual, artesanía y comunicaciones son muy importantes para guiar a la iglesia en la adoración, para la propagación del evangelio y para la edificación de la iglesia en muchas formas variadas y creativas.

Lección 7 - Dones de creatividad artística y comunicaciones

Actividades

Tiempo 20'

INSTRUCCIONES:

1. En I Crónicas 15:20-21 y Nehemías 12:46 ¿qué se enseña sobre el ministerio de la música?
_____
_____
_____

2. En grupos de tres respondan: ¿Qué pasaría si no tuviéramos en nuestra iglesia hermanos y hermanas con dones de creatividad artística y comunicaciones?
_____
_____
_____
_____

3. Aplicando estos dones a la iglesia

Usando una cartulina o pizarra toda la clase realiza esta actividad. En la columna de la izquierda cada alumno escribe su nombre y en la columna a la derecha cada uno responde: ¿Cuál servicio se comprometería a prestar en la iglesia?

Por ejemplo: Hacer labores de mantenimiento, unirme al grupo de músicos, colaborar con la proyeccción de los coros, escribir los anuncios para el boletín, decorar las aulas, etc.

Nombre	Servicio que va a prestar a la Iglesia

Lección 8

¿Cuál es mi función en el Cuerpo de Cristo?

Objetivos

- Definir mi llamado o pasión.
- Identificar mi estilo de trabajo.
- Encontrar mi lugar de servicio en el cuerpo de Cristo.

Ideas Principales

- Al identificar mis dones, mi llamado y estilo de trabajo puedo servir mejor en el cuerpo de Cristo.
- En las iglesias saludables los líderes ubican a cada miembro a servir conforme a su llamado, dones y estilo.

Nuestro llamado y dones son para enriquecer el ministerio de la iglesia y para que nos desarrollemos en un lugar significativo de servicio que glorifique a Dios y sirva a los demás.

Las iglesias que desarrollan ministerios basados en los dones son más saludables y crecientes.

Introducción

El apóstol Pablo describe la iglesia como el cuerpo visible de Cristo en este mundo (1 Corintios 12:12). El cuerpo de Cristo funciona apropiadamente cuando cada cristiano encuentra su lugar único y especial de servicio. Así como en el cuerpo humano los órganos se ayudan entre sí, en la iglesia los dones espirituales se complementan los unos a los otros. Así como el cuerpo humano está saludable cuando todos sus organos y miembros funcionan bien, de la misma manera la iglesia saludable es aquella en la que cada miembro cumple con su función y edifica a otros en amor (Romanos 12).

Los propósitos por los cuales debemos servir en la iglesia son glorificar a Dios y edificar a otros. Ambas cosas deben ir juntas. Cuando un cristiano sirve a otros, las personas pueden ver la gloria de Dios en acción y pueden glorificar a Dios por las obras que él hace por medio de sus hijos e hijas

Dios espera que cada uno de sus hijos se sienta realizado y sea fructífero en un significativo lugar de servicio. Para ello además de identificar los dones se requiere identificar la pasión (el llamado) y el estilo de trabajo de cada uno. Una guía para ello se incluye en esta lección.

¿Cómo encontrar mi función en el cuerpo de Cristo?

Mi lugar de ministerio dependerá de mis dones, mi pasión y mi estilo

Para descubrir cuál es el lugar dónde Dios quiere que usted le sirva, debe identificar tres cosas: su llamado o pasión, sus dones y su estilo personal de trabajo.

¿Qué es el llamado o la pasión?

Dios llama a sus hijos e hijas poniendo en ellos una pasión especial

Cierto domingo, varios líderes de la iglesia buscaban a Javier. Todos le necesitaban para cubrir diferentes necesidades en sus actividades para los sábados del mes. Javier, se fue a su casa muy preocupado. Como trabaja en la seguridad de un centro comercial solo tiene un sábado libre cada mes y tenía serios problemas para decidir con quién colaborar. Se sentía frustrado y culpable por no poder servir en todas esas necesidades. ¿Debía ir a la Junta porque era su responsabilidad? ¿Debía apoyar dónde tenía habilidades (decorar la iglesia)? ¿Debía servir en lo que le daba más satisfacción? ¿Debía ir dónde era más necesario y nadie más podía hacerlo?

En el cuerpo de Cristo nuestros dones y pasiones se complementan unos a otros.

¿Se ha sentido como Javier alguna vez? La verdad es que "podemos" servir en diferentes ministerios, pero es mucho mejor cuando decidimos especializarnos en aquello que es la pasión de nuestra vida.

Podemos comparar la iglesia con una orquesta. En ella hay muchos instrumentos: los hay de viento, de cuerdas, de percusión, electrónicos y varios de cada una de estas categorías. Es difícil imaginar una orquesta con cincuenta instrumentos y cinco o seis personas corriendo de un lado a otro para interpretar una sinfonía. Algunos siervos del Señor en el pasado intentaron hacer esto, y se les apodó "pastores orquesta".

Así como una sinfonía se empobrece cuando se ejecuta con pocos instrumentos, los ministerios de la iglesia se empobrecen cuando cuentan con los dones de unas pocas personas. Una iglesia sana y creciente desarrolla muchos y variados ministerios. La responsabilidad más importante de los líderes conforme a Efesios 4:11, es ubicar a cada miembro de la iglesia en un lugar significativo de servicio conforme a sus dones y su pasión (llamado).

Cuando se ubica a los miembros a servir conforme a su pasión no les importa levantarse temprano, sirven con más gozo, animan a otros, impactan la vida de la gente y son dedicados. Se esfuerzan por hacer las cosas con excelencia y hasta ¡pagarían de su propio dinero para que los dejen servir en esa tarea!

Dios nos llama a todos a servir
Gálatas 5:13
Hebreos 10:25
2 Corintios 9:7
Hechos 1:8
1 Juan 4:1
Tito 2:4
1 Corintios 12:25

El apóstol Pablo descubrió que el verdadero propósito de su vida era predicar el evangelio a los no judíos. Su pasión era tal que llegó a exclamar: "... ¡Hay de mí si no predico el evangelio!" (1 Corintios 9:16). Su llamado era tan poderoso que si no podía realizarlo, su vida ya no tendría sentido.

En la iglesia todos tenemos dones y todos somos llamados al servicio. Algunas personas lo describen como "llamado". Hay quienes lo descubren por un sueño o una visión. La pasión por invertir la vida en algo que consideramos valioso es una necesidad o motivación interior que Dios pone en nosotros para guiarnos a cumplir con Su propósito.

Lección 8 - ¿Cuál es mi función en el Cuerpo de Cristo?

¿Como identificar mi pasión (mi llamado)?

Lo que me motiva es mi pasión

Para descubrir cual es su pasión debe identificar aquello que lo motiva. Eso dependerá de cual cree que sea el problema más importante al que Dios lo llama a dedicar su vida. Un cristiano puede sentir pasión por la gente, por una función o por una causa.

Si lo que lo motiva es la gente, sentirá inclinación por trabajar con algún grupo específico de personas, como ser: madres solteras, niños con problemas de aprendizaje, enfermos terminales, adolescentes, matrimonios, ancianos, encarcelados, gente hospitalizada, entre otros.

Si lo que lo motiva es una función, entonces sentirá atracción por desempeñarse en una función que sirva para resolver algún problema o atender cierta necesidad en la iglesia, como ser: predicador, administrador, consejero, profesor, escritor, chofer, misionero, cocinero, etc.

Si su pasión es más por una causa entonces debe identificar esa causa. Ejemplos de causas son educación para los niños pobres, hogares para los damnificados por catástrofes naturales, promulgación de leyes pro-vida, difusión de la Palabra por medios masivos, mejoramiento de las condiciones laborales, etc.

A Felicia le preocupa mucho la forma poco saludable en que las madres alimentan a sus hijos y el escaso ejercicio que hacen los niños de su comunidad. Ella se ha dedicado a estudiar como comer saludablemente y llevar una vida sana. Ella puede hablar horas de ese tema y parece no cansarse. Ella tiene una colección de recortes de revistas y muchos libros sobre el tema y los ha leído casi todos. Frecuentemente ora para que Dios tenga misericordia de esos niños. Hace poco descubrió que tiene dones de enseñanza.

¿Cuál será la pasión de Felicia? Como su pasión es la salud de los niños ella puede integrarse al ministerio de Compasión de su iglesia local. Como su don es la enseñanza, ella puede servir enseñando a padres, maestros y niños, como comer saludablemente y las conveniencias de hacer actividad física.

La **pasión** indica dónde podemos servir. Pasión es un deseo dado por Dios que nos mueve desde lo interior de nuestro ser y nos impulsa a invertir la vida en un determinado ministerio. El llamado es para toda la vida: " Porque irrevocables son los dones y el llamamiento de Dios" (Romanos 11:29).

Carlos ha sido miembro por 15 años de la iglesia, tiene el don de administración y por mucho tiempo ha servido como tesorero de su iglesia local. Lo que conmueve su corazón es las necesidades de las familias pastorales de su distrito. Con frecuencia busca ocasión para hablar de las necesidades por las que pasan las familias de los pastores y la falta de preocupación que ha observado en las iglesias. Carlos siente pasión por una causa: Mejorar las condiciones de vida para las familias pastorales. Carlos podría servir ayudando a las iglesias a ser más justas, responsables y generosas para con sus pastores y a llevar una buena mayordomía.

En la sección de Actividades se incluye un test para identificar su pasión.

¿Cómo identifico mi estilo personal?

Todos tenemos diferentes preferencias en cuanto a cómo trabajar

El estilo personal de trabajo está representado por las preferencias que cada uno tiene en la forma de relacionarse con otros. Se ha preguntado alguna vez: ¿Porqué no disfruto tanto concentrándome en una tarea como otros? ¿Porqué soy tan realista mientras mi amigo es un soñador? ¿Porqué me cuesta tanto ordenar mi cuarto? ¿Porqué me gusta más charlar con mis amigos que hacer las tareas de la escuela? ¿Porqué prefiero manejar el sonido en lugar de dar la bienvenida a las visitas en los cultos?

El Estilo Personal indica **COMO** *puedo servir*

La respuesta a todas estas preguntas es la misma, todos tenemos preferencias en cuanto a cómo hacer las cosas y cómo relacionarnos con la gente. Es muy importante identificar este estilo personal a fin de servir con más entusiasmo en la iglesia.

Enrique tiene dos tareas en la Escuela Dominical. Se encarga de las compras de materiales y además dirige los juegos con los niños. Cuando hace compras con frecuencia no puede concentrarse bien y algo se le olvida. El desearía que alguna otra persona hiciera este trabajo. En cambio cuando juega con los niños el tiempo transcurre "volando". De hecho, si fuera por él, pasaría todos los días con los niños.

¿Porqué Enrique no está cómodo en ambas tareas por igual? Esto se debe a que él se siente más a gusto trabajando "con" las personas, que realizando tareas "para" las personas.

Teresa es la encargada de la decoración para las actividades especiales y además lleva la secretaría de membresía de la iglesia. Cuando Teresa termina una decoración siente paz porque ha terminado su trabajo. Cuando actualiza la lista de membresía y archiva los documentos, se desanima al ver los formularios que se acumulan nuevamente en su escritorio. A Teresa le desagradan las tareas rutinarias que parecen nunca tener fin.

¿Qué le pasa a Teresa? ¿Porqué no siente el mismo entusiasmo? Lo que ocurre es que Teresa se siente cómoda con la variedad, haciendo aquellas tareas donde puede ser espontánea, pero no siente el mismo gusto por tareas dónde hay que seguir un proceso administrativo.

No es que Enrique o Teresa sean malos cristianos, sino que necesitan servir en funciones conforme a su estilo personal.

Para identificar el estilo personal hay que responder: ¿Qué es lo que me motiva: cumplir tareas para las personas o trabajar directamente con las personas? y ¿Cómo me organizo: soy estructurado o espontáneo? En la sección de Actividades se incluyen ejercicios para identificar el estilo.

El **estilo personal** se relaciona con la personalidad o el temperamento, y es tan individual y único como nuestras huellas digitales. Dios nos ha creado a cada uno con estas características, por lo que no debemos esconderlas sino identificarlas para encontrar el lugar dónde mejor podemos servir a otros para la gloria del Señor.

Lección 8 - ¿Cuál es mi función en el Cuerpo de Cristo?

¿Cómo comienzo a servir en un ministerio?

Los buenos líderes comienzan siendo aprendices

> *No debe preocuparte si tu pasión no se relaciona con un ministerio que ya existe en tu iglesia. Dios puede usarte para iniciar un nuevo ministerio.*

Lo primero que se necesita es encontrar un campo posible de servicio. Esto dependerá de mis dones, mi pasión y mi estilo de trabajo. Veamos un ejemplo:

	Marta	Joaquín	Vicente
Mismo DON	ENSEÑANZA		
Diferente PASIÓN	ANCIANOS	MATRIMONIOS	ADOLESCENTES
Estilo	Estructurado Tareas	No Estructurado Personas	Estructurado Personas
Posibles áreas de servicio	- Liderar estudios bíblicos en casas - Escribir lecciones	- Dirigir dinámicas en campamentos - Charlas en eventos de fin de semana	- Liderar un grupo de estudio bíblico - Enseñar clases de Escuela Dominical

Cuando no ponemos a la gente a servir en lo que es su pasión se obtiene como resultado desinterés, desgano, renuncia, irresponsabilidad y desmotivación. Al otro lado, hay una gran diferencia cuando las personas sirven en aquello que es la pasión de su vida.

Marta, Joaquín y Vicente tienen el mismo don, enseñanza. Pero sus pasiones y estilos son diferentes. Como Marta y Vicente son estructurados ellos pueden servir en funciones ministeriales específicas, donde trabajan con un equipo de gente determinado (relaciones formales). Por otra parte, Joaquín y Vicente sirven en tareas que implican trabajar directamente con las personas, donde sus relaciones son espontáneas (ministran con gente nueva para ellos), pero como son estructurados tienen funciones más permanentes. Joaquín es el único no estructurado y por eso puede servir en funciones genéricas de apoyo al ministerio de matrimonios de su iglesia.

Veamos otro ejemplo:

	Roger	Marta	Paula
Misma PASIÓN	MADRES SOLTERAS		
Diferente DON	Administración	Servicio	Generosidad
Estilo	Estructurado Tareas	No Estructurado Personas	Estructurado Personas
Posibles áreas de servicio	- Planificar cursos para madres solteras - Coordinar una guardería	- Cuidar niños mientras las madres trabajan - Entrenar cuidadores de niños	- Coordinar Eventos para recoger donaciones - Coordinar un programa de padrinos

> *Dios confirma nuestros dones y nuestra pasión cuando servimos y la gente es edificada.*

Escuela de Liderazgo - Descubriendo mi vocación en Cristo

Roger, Marta y Paula tienen la misma pasión, ayudar a las madres solteras, pero con diferentes dones y estilos. Roger y Paula -que son estructurados- sirven en funciones requieren planificar, organizar y coordinar, mientras que Marta sirve en tareas que no necesitan demasiada planificación anticipada.

Para comenzar a servir hay que unirse a un equipo ministerial. Los mejores líderes son los que comienzan desde las tareas más sencillas y van adquiriendo cada vez mayor responsabilidad. Un cristiano llamado a enseñar, puede servir como ayudante de un maestro, mientras va aprendiendo, hasta que se haya capacitado lo suficiente para que le asignen responsabilidades. Luego con el tiempo y la práctica puede llegar a ser maestro titular de una clase. En esto consiste el liderazgo cristiano: todo líder de un ministerio en la iglesia tiene que tener "aprendices" alrededor suyo.

El ministerio en la iglesia es una cadena sin fin de líderes que capacitan a otros líderes. A todos nos toca aprender primero de un cristiano maduro con mayor experiencia ministerial y luego formar a otros con nuestro ejemplo y experiencia.

¿Cómo me preparo para servir en un ministerio?

La preparación para el servicio es muy importante. Dicha capacitación tiene que ser integral. En primer lugar se requiere adquirir conocimientos generales, comunes a todas las especialidades ministeriales y también conocimientos específicos, necesarios para servir en un equipo ministerial de la iglesia como por ejemplo: Ministerios de Discipulado y Escuela Dominical, Liderazgo, Compasión, Misiones transculturales, Evangelismo, Comunicaciones, entre otros.

En segundo lugar, se requiere el aprendizaje de habilidades prácticas, las cuales se adquieren mientras servimos: observando a los líderes, escuchando testimonios o reportes de trabajo y cuando nosotros mismos realizamos una tarea. A esto se le conoce como aprendizaje por experiencia (1 Timoteo 4:15,16; 2 Timoteo 1:6,7 y 2:15).

En tercer lugar, se requiere crecer en madurez cristiana, que es una cualidad indispensable para servir en el ministerio. Madurez cristiana significa crecer a la imagen de Cristo, ser cada dia más como Jesús. Aprendo a pensar como Él, a amar como Él, a vivir como Él, a servir como Él, a relacionarme con otros como Él. Cuando servimos somos modelos para otros y compartimos de lo que Dios nos ha dado. Crecer como siervo o sierva implica crecer en mi relación personal con Cristo.

El programa de la Escuela de Liderazgo ha sido diseñado para ayudar a los discípulos y las discípulas a capacitarse conforme al ministerio para el cuál Dios los ha llamado.

Si a todos les interesara servir en los mismos ministerios, habría muchas necesidades que quedarían desatendidas.

Los pastores y líderes pueden tener mucha pasión por los perdidos, llenar el año de actividades, pero obtener pocos resultados de todo ese esfuerzo cuando no ubican a la gente a servir conforme a sus dones, su pasión y su estilo.

¿Qué Aprendimos?

Para encontrar el lugar de servicio en el cuerpo de Cristo hay que identificar -además de los dones- la pasión y el estilo de trabajo. La pasión indica dónde puedo servir y el estilo personal indica cómo puedo servir. Para servir hay que capacitarse y comenzar integrándose a un equipo ministerial como aprendiz.

Lección 8 - ¿Cuál es mi función en el Cuerpo de Cristo?

Actividades

Tiempo 20'

INSTRUCCIONES:

1. Para identificar cuál es su pasión, responda las siguientes preguntas:

¿Qué considera que es lo más importante en lo que puede invertir su tiempo? _____

¿Por qué cosas le gustaría que lo recordaran después de su muerte? _____

¿Cuáles son esos temas que le apasionan y de los que podría pasar horas hablando? _____

Cuando imagina su futuro "ideal"... ¿qué se ve haciendo dentro de 5 o 10 años? _____

De las cosas que ha hecho y se siente orgulloso... ¿cuál o cuáles disfrutó más? _____

¿Cuáles son esas actividades que cuando las hace pierde la noción del tiempo? _____

¿Alguna vez ha sentido cuando estaba sirviendo en algo, que estaba haciendo exactamente la voluntad de Dios? ¿Qué estaba haciendo? _____

Resuma su pasión en una frase: MI PASIÓN ES: _____

2. Para identificar su estilo personal de trabajo:

En los 2 cuadros que siguen: Escoja la descripción que se parece más a usted colocando una "x" en la columna izquierda o derecha según corresponda. Luego sume las "x" que obtuvo al final de cada columna.

¿Me motivo por las tareas?	X	¿Me motivo por las personas?	X
Me siento satisfecho cuando termino un trabajo		Me siento satisfecho cuando pasé tiempo con una persona	
Cuando trabajo directamente con personas me siento agotado.		Cuando tengo que hacer tareas administrativas me siento agotado.	
Puedo concentrarme mucho tiempo en una tarea		No puedo concentrarme mucho tiempo en una misma tarea	
Si me encuentro con un amigo, saludo rápidamente y llego a tiempo a mi reunión		Si me encuentro con un amigo/a me quedo conversando y llego tarde a mi reunión	
Prefiero preparar un programa		Prefiero dirigir un programa	
Me gusta ocuparme de los detalles detrás de escena		Me siento cómodo trabajando directamente con las personas	
Me gusta especializarme en una tarea		Me gusta desarrollar relaciones con las personas	
Me motiva terminar un trabajo		Me motiva hacer amigos	
Lo más importante es alcanzar las metas		Lo más importante es atender a las personas	
Mis vacaciones son ir a hacer algo diferente a lo habitual en un lugar sin mucha gente (como ir a pescar, leer un libro, etc.)		Mi descanso favorito es estar con familia o amigos o un lugar dónde conocer gente, para conversar, jugar, etc.	
Motivado por las tareas		**Motivado por las personas**	

¿Soy del tipo estructurado?	X	¿Soy del tipo espontáneo?	X
Antes de ir al supermercado hago una lista de compras		Voy al supermercado sin una lista	
Me motivan las funciones que demandan dedicación más permanente.		Me atraen las funciones de corto tiempo	
Me siento cómodo cuando se trabaja con un plan		Me siento cómodo cuando se trabaja en forma espontánea	
Me gusta la rutina		Me siento cómodo con la variedad	
Antes de trabajar ordeno el escritorio		Trabajo y ordeno el escritorio sólo cuando es necesario	
Me gustan las metas a largo plazo		Me gustan ver el resultado rápido	
Si fuera músico tocaría leyendo la música		Si fuera músico tocaría de oído	
Hay que iniciar la reunión en el tiempo programado		Hay que iniciar la reunión cuando llegó un buen grupo	
Planeo mis vacaciones con mucho tiempo y organizo lo que voy a llevar para no olvidar nada		Me voy de vacaciones cuando puedo, empaco a último momento y si olvido algo lo consigo después	
Estructurado		**Espontáneo**	

3. Para identificar dónde puedo comenzar a servir

    Mi especialidad ministerial es: _____

    Mis dones mas fuertes son: _____

    Mi pasión es: _____

    Mi estilo de trabajo es:

        Estructurado: ____ Espontáneo: ____

    Lo que me motiva más es:

        Las tareas: ____ Las personas: ____

    Unas posibles areas de servicio para mí serían:

_____

4. *¿Cómo me preparo para servir?*

Señale con "x" una o dos especialidades de la Escuela de Liderazgo que le ayudarán a capacitarse para servir en su iglesia:

    1. LIDERAZGO MINISTERIAL   **5. MISIONES TRANSCULTURALES**

    2. EVANGELISMO   **6. MINISTERIOS DE COMPASIÓN**

    3. DISCIPULADO CRISTIANO   **7. COMUNICACIONES/LITERATURA**

    4. MINISTERIO JUVENIL

Evaluación Final

CURSO: DESCUBRIENDO MI VOCACIÓN EN CRISTO

Nombre del alumno/a: _____
Iglesia o centro donde estudia: _____
Distrito: _____
Profesor/a del curso: _____
Fecha de esta evaluación: _____

1. Complete las siguientes oraciones:

   Mi especialidad ministerial es: _____

   Mis dones más fuertes son: _____

   Mi pasión es: _____

   Mi estilo de trabajo es: Estructurado: ____   Espontáneo: ____

   Lo que me motiva más son: Las tareas: ____   Las personas: ____

2. De acuerdo a las repuestas anteriores, unas posibles areas de servicio para mí serían:
_____
_____

3. La especialidad de Escuela de Liderazgo que me ayudará a capacitarme para servir mejor en mi iglesia es:

   1. LIDERAZGO MINISTERIAL   5. MISIONES TRANSCULTURALES
   2. EVANGELISMO   6. MINISTERIOS DE COMPASIÓN
   3. DISCIPULADO CRISTIANO   7. COMUNICACIONES/LITERATURA
   4. MINISTERIO JUVENIL

4. Explique en sus palabras cómo le ayudó este curso a identificar y valorar sus dones espirituales, su pasión y estilo de trabajo.
_____
_____

5. ¿Qué aprendió en la práctica ministerial del curso?
_____
_____

6. En su opinión ¿Cómo se podría mejorar este curso?
_____
_____

Bibliografía

Libros:

Ahleman, Dorotea. *Bodas de Oro 1979-1969 Distrito Argentino.* Buenos Aires: Iglesia del Nazareno, 1970.

Boyer, Orlando. *Biografía de grandes cristianos.* Tomo 2. Miami, Florida: Vida, 1983.

Bugbee, Bruce. *Cuál es tu lugar en el cuerpo de Cristo. Descubre tus dones espirituales, tu estilo personal y la pasión que Dios te ha dado.* Miami: Vida, 2001.

Deiros, Pablo. *Los dones del Espíritu Santo.* Buenos Aires: Fundación Argentina de Educación y Acción Comunitaria, 2004.

Hurn, Raymond W. *Descubra su ministerio.* Guatemala, C. A.,: CNP, 1878.

Jay, Ruth I. *Cristianos Intrépidos.* Volumen 2. Quito, Ecuador, The Good News Broadcasting Association, Inc.: 1984.

Kuen, Alfred. *Dones para el servicio.* Barcelona: CLIE, 1993.

Price, J.M. *Jesús el Maestro.* El Paso, Texas: CBP., s/f.

Purkiser, W.T. *Los dones del espíritu.* Kansas City: CNP, 1979

Schwarz, Christian. *Método para la prueba de dones.* España: CLIE, 1994.

Smith, Ebbie. *Descubra sus dones espirituales.* E.U.A.: CBP, 1981

Wagner, Peter. *Sus dones espirituales pueden ayudar a crecer a su iglesia.* España: CLIE,1980.

Woodbridge, John D. Ed. *Grandes Líderes de la Iglesia.* Miami: Vida, 1998.

Young, José. *Los dones del Espíritu.* Córdoba, Argentina: Ediciones Crecimiento Cristiano, 1998.

Revistas:

Revista El Heraldo de Santidad. *Dejar todo por los que tienen poco.* En Volumen 50, Número 139. Enero-Febrero 1996. pp. 30-31. Nazarene Publishing House, Kansas City, Missouri.

Páginas web:

Burnis, Bushong. (2008). *Juan Wesley, Un hombre con un mensaje.* Recuperado el 22 de Octubre de 2008 de: www.wesleyana.org/RECURSOS/HISTORIA/JUANW/JWmensaje.pdfel.

Centro Online de Juan Wesley (2008). Recuperado el 20 de Octubre de 2008 de: http://wesley.nnu.edu/espanol/

Mujer Valiosa Tv. (2008). Recuperado el 17 de Noviembre de 2008 de: http://www.mujervaliosa.com/tv_liliana.html

Smalling, Roger L. El liderazgo cristiano. Manual para el curso sobre el libro en internet: Recuperado 15 de mayo 2009 de: http://www.smallings.com/LitSpan/Manuales/LiderazgoEspiritual.htm/ .

Wikipedia. La enciclopedia libre. *"James Dobson"* consultado el 23 de Febrero de 2010. http://es.wikipedia.org/wiki/James_Dobson

Como oraban Tomo 2 Oraciones de ministros. Recuperado 1 marzo 2010 de: http://www.elcristianismoprimitivo.com/comoorabancap8.htm

Pellini, Claudio. Planeta Sedna. Portal de difusión de la historia. Madre Teresa de Calcuta. Recuperado 2 de marzo 2010 de: http://www.portalplanetasedna.com.ar/teresa.htm. Última actualización 17-12-2009.

Junta de Superintendentes Generales Iglesia del Nazareno. Dr. Nina Griggs Gunter. Official site of the International Church of The Nazarene. Actualizado Junio, 2009. Recuperado 2 de marzo 2010 de: http://www.nazarene.org/ministries/superintendents/news/citation_gunter/display.aspx

www.ingramcontent.com/pod-product-compliance
Lightning Source LLC
Chambersburg PA
CBHW080941040426
42444CB00015B/3398